Los secretos de las calles de Barcelona

Los secretos de las calles de Barcelona

David Escamilla
José Luis Caballero

MA
NON
TROPPO

Título original: *Els secrets dels carrers de Barcelona*

© 2018, David Escamilla y José Luis Caballero
© 2018, Redbook Ediciones, s. l., Barcelona

Diseño de cubierta: Regina Richling
Diseño de interior: Cifra
Fotografía de cubierta: Barrio gótico de Barcelona

ISBN: 978-84-947917-8-9
Depósito legal: B-7.704-2018

Impreso por Sagrafic, Pasaje Carsi, 6
08025 Barcelona

Impreso en España - *Printed in Spain*

Índice

Mil perfums i mil colors.
Mil cares té Barcelona.
La que en Cerdà somnià,
la que va esguerrar en Porcioles,

la que devoren les rates,
la que volen els coloms,
la que es remulla a la platja,
la que s'enfila als turons,

la que per sant Joan es crema,
la que compta per dansar,
la que se'm gira d'esquena
i la que em dóna la mà.

Joan Manuel Serrat

Mil perfumes y mil colores. / Mil caras tiene Barcelona. / La que soñó Cerdà, /
la que estropeó Porcioles, / la que devoran las ratas, / la que vuelan las palomas, /
la que se remoja en la playa, / la que trepa por los montes, /
la que por San Juan se quema, / la que cuenta para bailar, /
la que me da la espalda / la que la mano me da.

Una ciudad con nombre de mujer

Querido lector, la obra que tienes entre las manos no pretende ser una reseña exhaustiva de las calles de la ciudad, sino más bien un anecdotario de aquellos hechos que tuvieron lugar en muchos de sus rincones y que, por tanto, hemos considerado dignos de una cierta atención. O al menos, éste fue nuestro primer aliento inspirador a la hora de ponernos a trabajar para configurar estas páginas.

Claro que, a medida que nos íbamos sumergiendo en la densa bibliografía y recorriendo las calles que aparecen en el texto, fuimos descubriendo una ciudad muy diferente de la que nos imaginábamos. Porque hay una Barcelona industrial, olímpica, la ciudad de las ferias y los congresos, la Barcelona Guapa, la ciudad del diseño, la Ciudad Condal, Barcino... De hecho todas estas Barcelonas son las que han acabado de configurar realmente nuestra querida y tan deseada Barcelona.

También hemos ido descubriendo que ésta es una ciudad de acogida para inmigrantes, una ciudad judía a la vez que cristiana y por encima de cualquier otra característica una ciudad rebelde, la Barcelona revolucionaria, la Barcelona de las barricadas callejeras y de las iglesias y los conventos ardiendo de forma intermitente: 1835, 1869, 1909, 1917, 1931, 1936...

Todas estas fechas son las más significativas que han ido marcando, a sangre y fuego, el crecimiento doloroso de la ciudad y el viejo enfrentamiento entre la Barcelona trabajadora y la Barcelona reaccionaria.

Tal vez no hemos conocido todavía una ciudad que haya sido tan repetidamente bombardeada por sus propios gobernantes como lo ha sido Barcelona desde el año 1640 hasta 1939. Juan José de Austria, Felipe V, Prim, Van Hallen o Martínez Campos, todos ellos acabaron disparando (sin muchas contemplaciones) sus cañones contra la ciudad. Y todo ello sin hablar de hechos todavía más terribles, aquellos bombardeos de la aviación italiana y franquista durante la Guerra Civil.

Claro que, el anecdotario que hemos recogido en esta obra va más allá del fuego y de las revoluciones. Porque andando, paso a paso por la ciudad, hemos descubierto pequeñas joyas y recuerdos extraños, como una capilla pública en un piso del Eixample, una casa misteriosa donde dicen que todavía se pasea un fantasma (y donde nació un genio del arte) o bien la esquina exacta donde dice que empezó la legendaria historia del F.C. Barcelona.

Es precisamente todo esto, y mucho más, lo que acredita a esta espléndida y acogedora ciudad, una urbe desbordante de historia, suma de muchas realidades bien avenidas entre sí, como Gràcia, Sarrià, Sant Andreu, y con proyectos de referencia, con tanto éxito como el Eixample de Ildefons Cerdà.

En definitiva, curiosidades, incongruencias, leyendas e incluso algunas tragedias, estos son los ingredientes esenciales que conforman la Barcelona del siglo XXI, la ciudad que nos invita a pasear por ella con la misma pasión que se ama el cuerpo de un amante, rezando a los dioses que el deseo no se agote y el placer pueda repetirse una y otra vez.

Buen viaje, lector.

David Escamilla y José Luis Caballero
Barcelona, otoño de 2009

Calle de Alarcón

La vía

La calle de Alarcón, en el distrito de Horta-Guinardó, es una pequeña vía que apenas tiene cincuenta números y que discurre por el barrio de La Clota entre la plaza de La Clota y el Camí de Sant Genís, en la parte más alta de Barcelona. Su nombre es un recuerdo del poeta Pedro Antonio de Alarcón y Ariza, nacido en Guadix (Granada) en 1833 y muerto en Madrid en 1891. La calle, como la mayoría de las que componen este antiguo barrio, consta en su mayoría de casas centenarias de una sola planta, y sigue manteniendo su aire de pequeña localidad rural aunque se van perdiendo paulatinamente los pequeños huertos que le daban personalidad.

El pequeño barrio, del que forma parte indisoluble esta calle, nació en el siglo XVI por la aglomeración y comunicación de varias masías y durante los siglos XVII al XIX se fueron instalando en él familias de clase obrera que mantenían al tiempo sus pequeños huertos. Las calles más antiguas, como Can Segú o Can Cuyá, conservan el nombre de sus primitivas masías. Ya han desaparecido las aves de corral que aún hasta mediados los setenta se podían ver por el barrio y todavía se pueden ver calles sin asfaltar que más parecen caminos de carro como lo que eran en el siglo XIX. Hoy en día la calle es una de las principales del barrio y algunas de sus casas no han perdido todavía el vergel trasero que lucen desde hace años.

La anécdota

La revista *Scripta Nova* de Ciencias Sociales, señala que en la primera mitad del siglo XX se produjo en Barcelona un gran desarrollo de un tipo de trabajo femenino, lavandera y planchadora, esencialmente realizado en casa y que posteriormente se reguló con la construcción de lavaderos públicos. Una de estas mujeres dedicadas a lavar la ropa de familias adineradas vivía precisamente en la calle Alarcón donde aún se conservan restos del antiguo lavadero. El nombre de esta mujer, Josepa Durán Oliva, lo recuerda todavía su bisnieto, a quien ha llegado la historia a través de su familia. Josepa era conocida como la «bugadera rica» (la lavandera rica) posiblemente porque lavaba la ropa de las familias más adineradas o porque, afirman otras fuentes, su aspecto siempre pulcro le había hecho ganar el nombre. También se dice aún en la familia, que el mote se le podía haber puesto por tratarse de una especie de empresaria autónoma o intermediaria que daba trabajo a una treintena de mujeres.

El cercano barrio de Horta-Guinardó también tenía un nutrido grupo de profesionales de la lavandería, en especial en la calle de Aiguafreda donde también subsisten restos de un antiguo lavadero público. Los últimos de estos lavaderos desaparecieron en la década de los noventa, entre ellos el situado en la confluencia de las calles de La Corunya y Aragó, en el Eixample, uno de los más grandes.

✹ ✹ ✹

Calle Ample

La vía
Fue y es una de las calles principales de la Barcelona antigua en la que se instalaron ilustres familias catalanas en palacios suntuosos, como los Duques de Sessa y los de Soma, la del Conde de Santa Coloma o el Marqués de Vilafranca. Ya en el siglo XIX habían desaparecido la mayor parte de aquellas mansiones para dar paso a edificios más modestos pero no por eso menos bellos como aún se pueden admirar en su trazado, que ocuparon banqueros y hombres de negocios. Popularmente se le ha conocido siempre como la calle Ample, la calle Ancha, precisamente porque su anchura era una característica que la diferenciaba de las típicas calles de la ciudad. Víctor Balaguer cita en su obra sobre las calles

de la ciudad que en ella eran costumbre las carreras de caballos y que incluso se quitó el embaldosado para evitar accidentes en esas circunstancias. Su trazado va desde la calle Fustería, frente al edificio de Correos, hasta la plaza del Duc de Medinaceli a partir de donde cambia su nombre por el de Anselm Clavé. A media distancia entre Correos y la plaza Medinaceli se abre la pequeña plaza de la Mercè, llamada así por la iglesia dedicada a la virgen que tiene ahí su puerta principal. En 1870 se colocó el portal de la desaparecida iglesia de Sant Miquel en la entrada lateral que da al carrer Ample, una magnífica obra de René Ducloux de 1519 en estilo gótico tardío. Aunque las imágenes originales fueron destruidas en 1936, se rehicieron y se volvieron a colocar en su lugar. En los números 11 y 13 ha estado ubicada hasta 2009 una de las mejores escuelas de diseño de la ciudad, la Escuela Elisava, fundada en 1961 y que trasladó sus instalaciones a la Rambla, al edificio de la Universitat Pompeu Fabra a la que pertenece. El nombre de la calle Ample ha sufrido como ninguna otra los vaivenes de la política y se ha llamado General Primo de Rivera, Antonio Maura, Mar y Cielo y Ancha en sus orígenes.

La anécdota

En 1836 se llevó a cabo en España la más importante desamortización de bienes de la Iglesia efectuada hasta entonces. Principalmente fue obra del ministro Mendizábal y sus resultados fueron diversos y contradictorios. En Barcelona, donde el 20% del suelo urbano era propiedad de la Iglesia y sin perspectivas de crear riqueza, el proceso fue beneficioso en general aunque desde luego hubo quien se aprovechó con creces. Uno de estos avispados fue el Duque de Medinaceli, Luis Tomás de Villanueva Fernández de Córdoba Figueroa y Ponce de León. El Duque ganó un pleito relacionado con el Convento de San Francisco de Asís, fundado en el siglo XIII por frailes menores franciscanos que había resultado dañado pero no destruido por el fuego en 1835. Le afectó la desamortización y fue derribado en 1838. El duque de Medinaceli reivindicó la propiedad del solar como sucesor de la casa de Montcada, a la cual Jaume I había donado los terrenos y que éstos habían cedido a los frailes. A cambio de recuperarlos, cedió una mínima parte para construir la plaza que lleva su nombre y para ensanchar la calle del Dormitorio de San Francisco, actual Anselm Clavé. Sobre el antiguo huerto, cerca de la Rambla, se construyó más tarde el edificio del Gobierno Militar, y en el resto del solar, entre la calle del Parc y la plaza se construyeron viviendas.

También «recuperó» el Duque de Medinaceli los terrenos en los que se asentaba el Colegio de San Buenaventura en la Rambla, también de los franciscanos e igualmente desamortizado. La alegación fue la misma, que sus antepasados habían cedido los terrenos a la orden religiosa. Ganó el pleito, como era de esperar, vendió el solar y en él se levanta ahora el Hotel Orient que aprovechó algunas de las construcciones del viejo colegio franciscano.

✖ ✖ ✖

Calle de Andrea Dòria

La vía

Hablar del barcelonés barrio de la Barceloneta es como hablar de Triana en Sevilla o de Santurce en Bilbao. Es un barrio con personalidad propia sin dejar de ser tan barcelonés como el Barri Gòtic o el Eixample. La Barceloneta es el barrio de pescadores de una ciudad que no siempre ha estado a buenas con el mar. Su origen está en el siglo XVIII cuando Felipe V, tras la guerra que le dio la Corona de España, hizo demoler centenares de casas del barrio de La Ribera –el barrio de pescadores de entonces– para construir la ciudadela militar que controlaría Barcelona. Para realojar a las familias expulsadas se construyó este barrio que ha mantenido una fuerte personalidad a pesar de que la pesca ha ido dejando paso a otras actividades como la industria, el turismo o el comercio portuario.

Una de sus calles más importantes está dedicada a Andrea Dòria, pero existe la percepción errónea de que se dedicó al célebre almirante genovés al servicio de Carlos V desde 1528 hasta

su muerte en 1560, pero ese no es el caso. La calle está dedicada a
Giovanni Andrea Dòria (Génova 1539–1606), Príncipe de Melfi,
almirante también, que tomó parte en la batalla de Lepanto contra los turcos en 1571, el famoso combate naval dirigido por Juan
de Austria. Este Dòria, era hijo de Giovanni Doria, sobrino e hijo
adoptivo del famoso almirante de Carlos V, Andrea Dòria. Antes
de adoptar este nombre, en 1929, la calle llevó el nombre de calle
Alegría desde 1856, una genialidad si se tiene en cuenta que antes se llamó calle del Cementerio. Es una de las vías más anchas
del barrio y une la playa que lleva el nombre de Barceloneta con
la plaza de la Font, la más importante y central del barrio.

La anécdota

Todo lo que rodea a la Barceloneta tiene que ver con el mar,
desde los nombres de las calles hasta los abundantes restaurantes donde el pescado es el rey. Por eso no llama demasiado la
atención una curiosa escultura en forma de mascarón de proa
que adorna un edificio en la calle Andrea Dòria, junto a la plaza
del mercado. Es un mascarón, desde luego, una figura masculina
enfrentada al viento como intentando atravesarlo. En el barrio,
esa figura es «El Negro de la Riba», una obra reciente, en fibra de
vidrio, del taller llamado *Constructors de Fantasies* en la calle de
Pescadors, un curioso taller teatral, de esos que fabrican los *gad-
gets* y parafernalias utilizados en la escena. Y ellos son los autores
de El Negro de la Riba, colocado allí en 2003 para celebrar el 250º
aniversario del barrio. No es una figura cualquiera sino que es de
verdad, una copia exacta de un mascarón de proa que está en el
Museo Marítimo de Barcelona desde 1934 y que no representa
un negro, sino a un indio iroqués de Norteamérica chamuscado
por el fuego. Cuentan los autores de la figura, que el historiador
Francesc Carreras Candi consiguió averiguar que la figura era el
mascarón de un bergantín que ardió en el puerto de Barcelona
a mediados del siglo xix. Entre 1860 y 1870 estuvo colocada en
la fachada de un almacén del muelle de Levante, donde se hizo
muy famosa hasta el punto que el autor teatral Pitarra la incluyó
en una de sus obras en 1866. La figura fue luciendo de local en

local hasta que en 1887 fue adquirida por un comerciante en vinos que la instaló en su almacén de la calle de Castillejos y a partir de 1900 fue propiedad de José Moragas, que la lució en diversas propiedades, lejos del mar. Finalmente, la familia Moragas la cedió al Museo Marítimo y los artesanos de *Constructors de Fantasies* creyeron una buena idea hacer la reproducción e instalarla en la Barceloneta, cerca del mar.

※ ※ ※

Plaza de l'Àngel

La vía

Situada en la confluencia de la Vía Laietana y la calle de Jaume I, la plaza de l'Àngel fue nombrada así en 1864 sustituyendo el nombre de Corretjer (fabricantes de correas para caballos de tiro), que había llevado hasta entonces, aunque antes se había llamado plaza del Blat (del Trigo) o de Cabrits, lo que da una idea de la agitada vida comercial del lugar, primero extramuros de la ciudad y luego plenamente integrado.

El nombre actual se le asignó definitivamente por un ángel de bronce erigido sobre una pirámide de mármol, una figura colocada allí en 1618, ante la puerta de la muralla llamada de Santa Eulàlia. La figura –ya desaparecida– señalaba una imagen de la santa de 1456 y hacía referencia a un milagro ocurrido en 878 cuando los restos de la joven Eulàlia hallados por el obispo Frodoi eran trasladados a la iglesia de Santa Maria del Mar. Se dice que la urna adquirió tal peso que fue imposible moverla y tuvieron que dejarla allí hasta que un ángel apareció volando sobre ella y «autorizó» el traslado.

Hoy en día es una plaza de las llamadas duras, por su asfaltado, pero amable en su conjunto, lugar de reposo y parada para los turistas que transitan alrededor de la vieja muralla romana o que se dirigen hacia el Museo Picasso o a la catedral. En dirección a ella se puede admirar un gran trozo de muralla romana, sólida todavía en sus dos mil años de existencia, por la calle Tapineria o en direc-

Portada del libro *Entre la revolución y las trincheras* del revolucionario Camilo Berneri, publicado en mayo de 1937.

ción contraria por la dedicada al Subteniente Navarro. Cuenta Víctor Balaguer en su obra *Las calles de Barcelona* que en esta plaza se reunía el somatén cuando el pueblo debía defenderse de alguna agresión. Tras la llamada general en toda la ciudad, los hombres se reunían en la plaza de l'Àngel donde se les proveía de armas y se les asignaban sus puestos de defensa de la ciudad.

La anécdota

De los luctuosos hechos acaecidos en Barcelona en la primera mitad de este siglo, los relacionados con la Guerra Civil la han marcado profundamente y uno de estos, «los hechos de Mayo», referidos a 1937, se guardan relativamente en la memoria colectiva y sobre algunos se ha corrido un tupido velo, como si nunca hubieran sucedido. En esta plaza de l'Àngel, en el primer piso del número 2 que se encuentra en el lado montaña, continuidad de la calle Llibreteria, se produjo el día 5 de mayo de 1937 un acontecimiento notable. Ese día, sobre las seis de la tarde, doce agentes armados, aún hoy en día sin identificar, se presentaron en el piso y detuvieron a Camilo Berneri y Francesco Barbieri, dos importantes anarquistas italianos, teóricos del movimiento ácrata. Berneri era un prolífico escritor con múltiples artículos y escritos sobre la revolución española y el anarquismo y Barbieri más un hombre de acción, muy ligado a la CNT-FAI, pero ambos personajes destacados del movimiento anarquista en la Barcelona en guerra. Pocas horas después, los cuerpos de los dos hombres fueron recogidos por la Cruz Roja, acribillados a balazos, cerca del edificio de la Generalitat y enviados al Hospital

Clínico donde sus amigos y la compañera de Berneri identifica-
ron los cadáveres. Berneri, contemporáneo de Errico Malatesta y
Luigi Fabbri, dirigía entonces el semanario *Guerra di clase* y desde
él atacaba sin piedad a los comunistas fieles a Stalin. El crimen
nunca fue esclarecido y se ha perdido en el olvido de los trági-
cos sucesos de mayo que liquidaron la revolución anarquista en
Catalunya.

✖ ✖ ✖

Calle de Anglí

La vía

La calle de Anglí recoge la tradición de nombrarla a partir de algún
gran prohombre de la ciudad con una propiedad en la zona en el
momento de la apertura de la calle. Esta larga vía del antiguo pueblo de Sarrià, hoy barrio de Barcelona, se proyectó en parte en los
terrenos propiedad de la masía Anglí de quien hay noticias desde
el siglo XVIII en la persona de Francesc Anglí Brichfeus, casado con
Maria Monnar y padre de un hijo, Francesc Anglí i Monnar, el he-
redero de la masía familiar que poco después sería comprada por
Joan Margenat i Galvany. En 1931 se acordó llamar Anglí a la calle
en recuerdo de aquel primer propietario con la intención también
de unificar una vía entonces dividida en dos partes, San Luis por
encima del paseo de la Bonanova y Galvany por debajo. La calle
Anglí nace en la Vía Augusta en su cruce con Vergós y trepa hacia
Sarrià y la Bonanova en un trazado casi rectilíneo flanqueada por
casas de poca altura en la mayor parte de su trazado y con algunos
modernísimos edificios y una oferta de restauración y hotelera interesante. A la altura de la calle Alcover se encuentra la iglesia de
la Virgen de Lourdes, lugar católico de culto dedicado a los franceses establecidos o de visita en Barcelona. En el número 48, un
poco más arriba del paseo de la Bonanova, se dice que ocurrió un
milagro a finales del siglo XIX en la llamada Torre del Llamp (Torre
del Rayo). Cuentan que un grupo de seis obreros trabajaban en el
tejado, durante una tormenta, instalando un pararrayos cuando

cayó un rayo que debió fulminarlos a todos. La intervención de un médico y una monja que, milagrosamente, vivían cerca, consiguió reanimarlos y salvarles la vida.

La anécdota

Durante la Guerra Civil funcionaron en la zona republicana, y desde luego en Barcelona, centros de detención conocidos como «checas» por identificarlas con la primera policía secreta organizada en la Unión Soviética, la Checa o «Comisión Extraordinaria de Todas las Rusias para Combatir la Contrarrevolución y el Sabotaje» creada por Felix Derzinski en 1917. Tras el levantamiento militar de 1936, las fuerzas defensoras de la República crearon centros de detención ante la quiebra sufrida por las fuerzas de orden público, Guardia Civil y Guardias de Asalto, a causa de la rebelión militar.

En los primeros meses de la guerra, con la ciudad en manos de la CNT y la FAI, estos centros fueron en un principio organizados por cada uno de los partidos y sindicatos defensores de la República teóricamente bajo el control del Comité de Milicias Antifascistas. En estos centros se detuvo, se encerró y en muchos casos se torturó a rebeldes, quintacolumnistas y alzados contra la legalidad republicana. A partir de la primavera de 1937 pasaron a depender básicamente del Servicio de Inteligencia Militar bajo una fuerte influencia soviética. En Barcelona llegaron a funcionar unas cuarenta de estas checas y una de ellas estuvo situada en el número 49 de la calle de Anglí, en la confluencia con el paseo de la Bonanova. El destino de la checa de Anglí fue curioso, pues tras la entrada del ejército franquista en Barcelona fue transformada en un centro de internamiento para niños huérfanos y en 1946 fue el primer destino en España de unos doscientos niños polacos secuestrados por los nazis y rescatados al final de la guerra.

※ ※ ※

Calle de Anselm Clavé

La vía

Entre la plaza Duc de Medinaceli y la Rambla discurre la calle dedicada a Josep Anselm Clavé i Camps, músico, poeta y político, fundador de los coros que hoy llevan su nombre. El nombre del ilustre músico le fue adjudicado tras su muerte, acaecida en 1874, viniendo a sustituir el anterior de Dormitorio de San Francisco. Este curioso nombre le venía dado porque por las noches, algunos frailes del cercano convento de San Francisco iban a dormir a algunas de las pequeñas casas vecinales de la calle porque no tenían sitio en el convento que ocupaban. La calle en cuestión, era conocida como la del Moll Vell (el muelle viejo) porque el puerto más antiguo de la ciudad estaba allí, cuando el mar ocupaba lo que ahora es el paseo de Colom y el terreno edificado entre la calle Anselm Clavé y el paseo. En tan corta calle, apenas 150 metros, se levantan dos edificios notables de la ciudad, el del Gobierno Militar construido en 1920, de estilo neoclásico obra de Adolf Florensa, y lo que queda del palacio del Marqués de Alfarràs, ocupado hoy en día por las oficinas del Síndic de Greuges (Defensor del Pueblo). El palacio data de 1774, obra de los arquitectos Joan Anton Desvalls y Domenico Bagutti. De factura noble, edificado con sillares de piedra de Montjuïc, conserva los relieves escultóricos que enmarcan el portal de la entrada que se ha conservado en la calle Anselm Clavé aunque originariamente estaba en la contigua Nova de Sant Francesc.

La anécdota

La construcción del edificio del Gobierno Militar, obra del arquitecto Adolf Florensa, se decidió para agrupar diversas dependencias militares dispersas por la ciudad, como los servicios jurídicos, la Auditoría del Ejército o la Jefatura de Transportes y fue uno de los cuarteles generales de la sublevación del 19 de julio de 1936. Los sublevados, al mando del coronel Cañadas, quedaron cercados por los milicianos y el pueblo de Barcelona y resistieron hasta las 11:30 horas del día 20 en que se rindieron a las fuerzas atacantes. En el interior se había suicidado horas antes Ramón Mola Vidal, hermano de Emilio Mola, uno de los generales golpistas que murió poco después en accidente aéreo.

En la mañana del 19, cuando se aproximaba un grupo de Guardias de Asalto, una ráfaga de ametralladora disparada desde una de las ventanas mató al capitán Arrando e hirió a otros agentes y poco después, cientos de milicianos de la CNT rodearon el edificio y lo asediaron hasta su rendición. Durante mucho tiempo recibió el nombre de Dependencias Militares y fue uno de los objetivos principales en los sangrientos sucesos de los días 19 y 20 de julio de 1936. Aparte de sus características arquitectónicas, el edificio ha tenido un protagonismo evidente en la historia de la ciudad.

※ ※ ※

Calle de Aragó

La vía

Desde la calle Tarragona hasta la calle Lope de Vega, ya en el barrio de San Martí, se extiende a través del Eixample la calle Aragó, una de las vías más importantes para el tránsito de vehículos a Barcelona. Su sentido, desde el río Besòs hacia el Llobregat, es la réplica a la Gran Via que circula en sentido contrario y su gran capacidad de absorción del tránsito la ha convertido en unos de las principales calles de la ciudad. De trazado rectilíneo, como todas las del Eixample, tiene sin embargo la característica de diferentes anchos y estructuras.

En su tramo en San Martí parece más un paseo con acera central, dado que es la avenida Meridiana, desde la plaza de las Glòries, la encargada de dirigir el tránsito rodado hacia la salida norte de la ciudad. A lo largo de su trazado, la calle Aragó presenta destacados edificios y lugares de interés, algunos especialmente mágicos como una tienda de objetos viejos, antigüedades y juguetes de nuestros abuelos al lado de la calle

Dos de Maig o el pequeño y delicioso parque que forma en su confluencia con la calle Enamorats. La magnífica parroquia de la Purísima Concepción, a la altura del número 199, es también otro de sus edificios destacados, o una de las plazas más geométricas de la Barcelona de Cerdà, la plaza Letamendi, donde el cruce de las calles se convierte en un amplio rombo ajardinado. Uno de los puntos más notables de esta calle es la Fundació Tàpies instalada en un edificio de Domènec i Montaner situado a la altura de la Rambla de Catalunya. La fundación, instituida por Tàpies en 1984, tiene como finalidad la promoción del arte contemporáneo y es uno de los polos artísticos más destacado de la ciudad.

La anécdota

No es preciso decir que Antoni Tàpies es uno de los más destacados artistas mundiales, miembro del movimiento conocido como informalismo, un estilo nacido del arte abstracto y que comprende tanto la pintura como la escultura. El edificio de la Fundación, un reto para la anquilosada sensibilidad artística, llamó la atención desde el primer momento por su decoración exterior, una espectacular alambrada sobre el edificio, que no dejaba a nadie indiferente. Pero probablemente el episodio más provocativo de Antoni Tàpies se gestó alrededor del Museo Nacional de Arte, el *affaire* conocido como «El calcetín de Tàpies».

El asunto se suscitó en plena fiebre olímpica, en 1992, cuando el Ajuntament de Barcelona encargó al gran artista una escultura para decorar la Sala Oval del Palacio Nacional, la sede del Museo Nacional de Arte de Catalunya. Tàpies proyectó un calcetín, blanco, de 18 metros de altura «un humilde calcetín en cuyo interior se propone la meditación y con el que quiero representar la importancia en el orden cósmico de las cosas pequeñas», según sus propias palabras. Una parte de la opinión popular de Barcelona, expresada en cartas a los diarios y en alegaciones de asociaciones culturales y de vecinos, se opuso al proyecto igual que la Generalitat de Catalunya. Las opciones políticas, la admiración por Tàpies, el snobismo cultural, el respeto por el artista, la ignorancia y los gustos personales se mezclaron en una polémica que hicieron desistir a Tàpies cuando incluso las autoridades del Museo y cierta prensa internacional se mostraron contrarias a su calcetín.

✖ ✖ ✖

Calle Arc del Teatre

La via

En el número 25 de la Rambla arranca bajo un arco centenario la calle Arc del Teatre (Arco del Teatro), bautizada así en 1854 después de haberse llamado Trenta Claus (Treinta Llaves) y Gaspar. La historia de este entrañable lugar barcelonés data del año 1597, cuando el cercano Hospital de la Santa Creu decide construir la Casa de Comèdies en un huerto cercano que recibía el nombre de Trenta Claus. En 1878 un incendio destruyó el edificio y, reconstruido inmediatamente, recibió el nombre de Teatro de la Santa Creu, con una clara vocación teatral. Se le cambió el nombre poco después por el de Teatro Principal y en 1915 otro incendio

Arco centenario que da acceso a la calle Arc del Teatre.

En la calle de l'Arc del Teatre se encontraba el Madame Petit, uno de los burdeles más famosos de la ciudad.

lo redujo a cenizas de nuevo. Vuelto a reconstruir, recibió el nombre de Principal Palace y hoy en día, como teatro, ha conservado el nombre de Principal que ocupa el número 27 de la Rambla junto al viejo arco del primitivo teatro que aún se conserva en el número 25 y que abre paso a la calle. Estrecha y oscura para nuestros estándares, en los años treinta era todavía una animada calle con su mercado al aire libre y de esa época se conserva uno de los locales más barceloneses, más discretos y más pequeños que se pueda imaginar: La Cazalla, un bar que es apenas un mostrador abierto a la calle que ha confortado cuerpos y espíritus con una potentísima cazalla desde tiempo inmemorial: digestivo, desfibrilador, bajativo, despejador y reconfortante trago para estudiantes de regreso a casa, empleados de la limpieza municipal de madrugada, paseantes ateridos de frío y trasnochadores.

La anécdota

En el número 6 de la calle Arc del Teatre, existió hasta hace muy poco un edificio, ya derribado, que albergó últimamente una decrépita pensión, llamada Los Arcos, pero que en su día fue el burdel más famoso y más lujoso de Barcelona. Era Madame Petit, que presumía de tener una madame francesa como directora y unas profesionales, «especialistas» en el más refinado arte francés del amor con detalles como el bidet, el *ménage à trois* o el *francés* propiamente dicho. El local ocupaba todos los pisos del bloque y lucía incluso un letrero luminoso que anunciaba su presencia desde lejos. Se dice que Jean Genet se inspiró en este lujoso local para escribir *Querelle de Brest*. A finales de los años veinte perdió mucho de su glamour y casi todo durante la Guerra Civil. La política de los revolucionarios anarquistas de eliminar la prostitución, aunque ineficaz, liquidó de hecho el glamour de Madame Petit ayudados por el hecho de que la sede del Sindicato Único anarquista estaba en la misma calle. Al término de la Guerra Civil, Madame Petit se había convertido ya en un sórdido burdel más de un barrio muy degradado y pobre. En 1956, tras el cierre oficial de esos locales, se transformó en una pensión que siguió siendo utilizada por las profesionales del sexo de la zona para subir a sus clientes.

✷ ✷ ✷

Calle de la Aurora

La vía

Abierta a principios del siglo XIX, la calle Aurora recibió oficialmente ese nombre en 1849, probablemente por un ataque de romanticismo del encargado de asignar los nombres y menos probable la dedicación al crucero Aurora que con sus cañones dio comienzo a la Revolución Rusa en San Petersburgo en 1917. Hoy en día es una calle peatonal con cierto encanto que va desde la recientemente abierta Rambla del Raval hasta la calle Carretas, en pleno barrio del Raval. Sus viviendas, en gran parte son muy antiguas, muchas de ellas degradadas con construcciones anteriores a 1854 que es cuando se encuentran ampliaciones en los registros municipales.

En los años cuarenta se levantaron algunos almacenes y hasta los sesenta se elevaron nuevas plantas sobre edificios ya existentes anteriormente. Aurora es una de las pocas calles del entorno que se salvó de la apertura de la Rambla del Raval y ha conservado mucho de su encanto original, con muy escasas transformaciones desde mediados del siglo XIX. Así se pueden ver todavía magníficos portales de madera como los del número 10 o edificios con casi doscientos años, en el 12 y el 14, que parecen el escenario de una novela de Zola o de Dickens. La calle guarda tesoros como el bar Aurora, reducto hippy, o el edificio del Centro Internacional de Fotografía, con una magnífica fachada decorada con pinturas de Eduardo Arranz Bravo y Rafael Bartolozzi, un homenaje a la historia de la fotografía.

La anécdota

Haciendo un homenaje a esta calle cargada de contenidos, el poeta Mateo Rello ha incluido en su libro *Orilla Sur* un poema titulado «Canción de los gatos de la calle Aurora». Rello, poeta, ácrata e idealista cuadra muy bien con uno de los locales de la calle, la editorial, distribuidora y librería Virus, un soplo de aire fresco ácrata dedicado a rescatar a autores «malditos» como Abel Paz, Mary Low, Octavio Alberola o Antonio Téllez y donde un letrero prohíbe la entrada a la SGAE, la Sociedad General de Autores de España. Virus posee el encanto de los viejos libreros y un rancio sabor a la vieja Barcelona revolucionaria que parece haber pasado a la historia.

En ella se puede encontrar el *Cuaderno Rojo de Barcelona* de Mary Low, *El Día de Barcelona*, de César Galiano Royo, *Queremos libertad* de Mumia Abu Jamal, *El caso Scala* de Xavier Cañadas Gascón o *Viaje al pasado* de Abel Paz. Y una inmersión en el pasado parece vivir en las estanterías metálicas de Virus donde pululan las historias sobre la España revolucionaria que tanto se han esforzado en olvidar. Y si hay necesidad, se puede encontrar en ella pequeñas joyas de la autoayuda como *Manual para liar porros*, *Manual práctico para enteraos* o *Manual práctico para sibaritas*. Lo dicho. Todo un lujo.

✖ ✖ ✖

Calle de Bailèn

La vía

El límite del barrio de Gràcia con el Exiample lo forma el ángulo comprendido entre la calle de Còrsega y la de Bailèn y esta última está dedicada ya en el Pla Cerdà (Plan Cerdà) a la célebre batalla en la «guerra del Francés» que tuvo lugar cerca de la villa de Bailèn en la provincia de Jaén el 19 de julio de 1808. El ejército español, mandado por el general Castaños, consiguió una crucial Víctoria sobre el francés Dupont, la primera vez que un ejército de Napoleón era derrotado en campo abierto. La calle arranca en la ronda de Sant Pere y llega hasta la travesera de Gràcia en un recorrido rectilíneo típico del Eixample. En la esquina de la calle Mallorca se encuentra la Escola de Música de Barcelona y algo más arriba, en el número 205, una multisala de cines oculta lo que fue durante años el Cinema Texas, un auténtico icono del barrio y considerado uno de los cines más antiguos del barrio de Gràcia. El blog de los Cines de Barcelona da como fecha de apertura la de 1911 con el nombre de cine Bailén que pasó a llamarse Texas en 1947 después de un largo periodo de inactividad o de actividad discreta en todo caso.

El cine Texas fue uno de los cines de sesión doble que más aguantó la invasión de las multisalas permaneciendo abierto hasta 1995. El edificio históricamente más interesante está no obstante en el número 70, un edificio que hicieron levantar los hermanos Masriera, miembros de una ilustre familia de joyeros, y que albergó en 1901 la Escuela Moderna de Francisco Ferrer Guardia, un experimento de enseñanza libre y laica que revolucionó el sistema educativo y aún hoy se considera modelo de educación.

La anécdota

Entre el 26 de julio y el 2 de agosto de 1909 Barcelona sufrió una auténtica revolución con un levantamiento general de la población contra el gobierno de Antonio Maura y su empeño de enviar a la desastrosa guerra de Marruecos a obreros y padres de familia catalanes. El levantamiento tuvo su primer conato el 18 de julio cuando las damas de las familias ricas, cuyos hijos pagaban para no ir a la guerra, hicieron intención de entregar escapularios y medallas a los reclutas que debían partir hacia Marruecos dejando sus trabajos y sus familias desamparadas. Hubo un tumulto con varios heridos y muchas detenciones y el día 27 se proclamó una huelga general contra el reclutamiento en toda Catalunya.

A partir de ahí las cosas se precipitaron, los manifestantes tomaron la calle, incendiaron diversos edificios, entre ellos ochenta iglesias, y los soldados se negaron a obedecer las órdenes de disparar contra ellos. Finalmente, tropas llegadas desde Valencia, Zaragoza y Burgos se emplearon a fondo disparando contra la población civil con el resultado de casi ochenta muertos y quinientos heridos, miles de detenidos, dos mil procesados, 175 penas de destierro, 59 cadenas perpetuas y cinco condenas a muerte. El Gobierno aprovechó para cerrar las escuelas laicas y los sindicatos y culpó de los motines nada menos que a Francisco Ferrer Guardia, pedagogo y notorio pacifista, creador de la Escuela Moderna. Ferrer Guardia fue acusado por los obispos de Barcelona de ser el instigador de la revuelta y murió fusilado junto con los otros cuatro condenados a muerte en consejo de guerra .

✖ ✖ ✖

Calle de Balmes

La vía
Concebida como la calle número 26 del Pla Cerdà, la vía dedicada a Jaime Balmes, escritor, eclesiástico, filósofo y político, autor de *El criterio*, nace en la confluencia de las calles Bergara y Pelai, en pleno centro comercial y mantiene su rectitud, típica del Eixample hasta la travesera de Gràcia, para internarse luego entre los barrios de Gràcia y Sant Gervasi con un trazado más sinuoso para adaptarse a las características del barrio. Como suceden en otras calles paralelas como Muntaner o Aribau, la calle Balmes es una larga pendiente de montaña a mar en la que su tramo superior adquiere una inclinación notable, en especial al internarse en el Putxet y Vallcarca. Finaliza su trazado al pie del Tibidabo, en la plaza dedicada a John F. Kennedy frente a la

avenida del Tibidabo donde permanece el Trambia Blau como medio de comunicación y atracción turística.

Balmes es en su trazado inferior una vía rápida para la circulación, con aceras estrechas, aunque en los planes municipales está previsto que pierda un carril antes del 2011 entre la Diagonal y la Gran Via para agrandar las aceras. Hasta 1929 circulaba por ella a cielo abierto el Ferrocarril de Sarrià, de ahí que la calle fuera algo más ancha que las del resto del Eixample –al igual que la calle Aragó– y las aceras tan estrechas. Más arriba, a partir de la Diagonal, los peatones tienen hoy en día más posibilidades, con un comercio abundante y vivo y existen algunos edificios interesantes en todo su trazado.

En los números 103 y 105, se encuentra el inmueble que albergó la sede de la Compañía de Industrias Agrícolas, tras su construcción en 1947. En el número 145, está el inmueble obra de Carlos Ferrater por el que fue finalista en los Premios FAD de Arquitectura 2003 y en su tramo inicial se encuentra el Seminario Conciliar y la Universitat de Barcelona, un edificio histórico que empezó a construirse en 1863 obra del arquitecto Elias Rogent, catalogado como monumento histórico artístico nacional. De estilo ecléctico en que se mezclan diferentes artes medievales, se encuentra en uno de los laterales de la calle Balmes.

La anécdota

En la esquina de la calle Balmes con la Gran Via, frente al lateral de la Universidad, se alza un gran edificio, un tanto ostentoso, de estilo neoclásico, que alberga hoy en día al Institut Català de la Salut. La construcción data de los años cuarenta cuando se edificó para albergar el Instituto Nacional de Previsión, el organismo que gestionaba la seguridad social en España, en un solar que formaba parte de la manzana de casas que había quedado arrasada durante los bombardeos de la Guerra Civil.

El día 17 de marzo de 1938, la Barcelona republicana sufrió uno de los bombardeos más duros de toda la guerra dirigido específicamente contra la población civil. Los bombarderos italianos SM 79, llamados Saboya, dejaron caer sus bombas, ocho de

250 kg, cien de 100 kg y 12 bombas incendiarias de 20 kg sobre el centro de la ciudad y alcanzaron a un camión cargado de trilita que se encontraba en el cruce entre la Gran Via y la calle Balmes. Dos manzanas de casas fueron volatilizadas por la tremenda explosión que incluso fue fotografiada por los aviadores italianos desde el aire, asombrados de la potencia de la bomba.

Antes de conocerse que se había alcanzado el camión, se llegó a especular con que se estaba utilizando un nuevo tipo de bomba altamente poderosa, las denominadas «de aire líquido». La explosión fue enorme, el cruce de calles quedó completamente arrasado y el número de víctimas fue elevadísimo pues afectó de lleno a un autobús cargado de gente.

Entre las víctimas de dicha explosión se cuenta que estaba la madre de los hermanos Goytisolo, Julia, y en el lugar quedó un cráter de más de veinte metros de diámetro.

Vista aérea del bombardeo del 17 de marzo de 1938.

Calle del Bisbe Català

La vía

El obispo Jaume Català i Albosa, nacido en Arenys de Mar en 1835 y muerto en Barcelona en 1899, es uno de los pocos clérigos que se han destacado en la defensa de los derechos de la clase trabajadora, especialmente en una época de luchas y conflictos. Fue obispo de Canarias, de Cádiz y finalmente de Barcelona, donde dirigió la Iglesia desde 1888 hasta su muerte en 1899. De su paso por Barcelona quedó la coronación de la Virgen de la Merced como patrona de la diócesis siguiendo las instrucciones del Papa Pío XI. El nombre de este obispo se le dio en 1946 al tramo del antiguo Camino de Cornellà a Fogàs de Tordera que va desde el paseo de la Reina Elisenda hasta la bifurcación entre la avenida Pearson y la de Esplugues. Es esta una de las zonas más aristocráticas de Barcelona, con grandes mansiones y edificios a ambos lados y en una zona alta lejos de la contaminación y el ruido del centro. En su trazado cruza la deliciosa plaza de Pedralbes, un oasis de tranquilidad y en el lado más alto, el que asciende hacia la montaña, tiene su entrada una de las joyas barcelonesas, el monasterio gótico de Pedralbes, una extensa y bella construcción que tiene su origen en el año 1326, obra del rey Jaume II y de su esposa Elisenda de Montcada. El recinto, al que se accede por una puerta que reza «caserío de Pedralbes», estaba amurallado y en su interior albergaba lo que es el actual monasterio, la iglesia y algunas construcciones civiles que todavía se conservan. En la actualidad cumple también la función de Museo Thyssen de pintura con una colección de 72 pinturas y ocho esculturas.

La anécdota

Una de las leyendas asociadas al monasterio se cuenta del terrible año de 1909, cuando la Semana Trágica tiñó de sangre y humo de incendios las calles de Barcelona. Como ya es suficientemente conocido, la rebelión de las clases populares de Barcelona y de gran parte de Catalunya en 1909 tuvo como origen la recluta forzosa de hombres para llevarlos a la guerra de Marruecos. Una guerra impopular e imperialista que dejaba sin sustento a gran parte de las familias pobres barcelonesas cuando sus hombres eran obligados a alistarse. Al estallar el conflicto, el odio y la rabia de los barceloneses se volcó contra la Iglesia que bendecía y alentaba el alistamiento y la guerra y provocó la quema indiscriminada de conventos e iglesias de los que Barcelona aún estaba bien provisto. Milagrosamente, el bellísimo y antiguo monasterio de Pedralbes se libró de la fiebre incendiaria, pero las opiniones divergen sobre la causa. En la tradición popular se cuenta que las monjas Clarisas, al estallar el conflicto, abandonaron el convento ante el peligro de que fuera asaltado por los exaltados y dejaron a su marcha encendidas algunas velas y lamparillas; cuenta la leyenda que las luces se multiplicaron milagrosamente, de tal manera que al acercarse una turba dispuesta al asalto e incendio pensó que las muchas luces indicaban la presencia de soldados en el recinto y renunciaron a su acción. Otra versión afirma que se tocó a somatén en Sarrià y los vecinos, armados, impidieron el acceso de los asaltantes hasta el convento.

❉ ❉ ❉

Calle de Bolívar

La vía

También el nombre de la calle de Bolívar, en el barrio de Gràcia, data de 1907, cuando más de cuatrocientos nombres de calles tuvieron que ser cambiados debido a duplicidades tras la incorporación de los pueblos adyacentes a Barcelona. Desde mediados del siglo XIX en que fue abierta, la calle se llamó Mina, en honor a Francisco Espoz Ilundain, conocido como Espoz y Mina, combatiente en las guerrillas contra la ocupación francesa y que fue durante una temporada capitán general de Catalunya. Liberal y patriota, fue considerado por el Ajuntament de Gràcia merecedor de dedicarle una calle, larga e importante junto a la avenida de Vallcarca, pero también lo consideró el Ajuntament de Barcelona por lo que, tras la fusión, se le tuvo que cambiar el nombre.

Se eligió entonces el de Simón Bolívar, el libertador, nacido en Caracas en 1783 de familia vasca y que fue el catalizador de la independencia de las colonias americanas, empezando por su Venezuela natal.

Es una de las calles más largas del barrio de Gràcia, de las orientadas mar-montaña, con una pendiente que se va haciendo más pronunciada conforme se asciende, y que une la plaza de Lesseps con la avenida de la República Argentina con la que confluye un centenar de números más arriba. Como es habitual en el barrio, combina antiguas construcciones de una o dos plantas, algunas ajardinadas, con modernos bloques de viviendas y a pesar de encontrarse encajonada entre la avenida de Vallcarca (hasta hace poco avenida del Hospital Militar) y la avenida República Argentina, es un espacio relativamente tranquilo. Desde las azoteas de sus edificios más altos se divisa una vista interesante de Barcelona.

La anécdota

Si algo ha sobrevivido a los avatares de un siglo de historia barcelonesa, ese algo es el edificio conocido como «La Casita Blanca». Burdel, casa de citas, lugar de reposo, institución, área de servicio, de todo se le ha llamado, pero lo cierto es que, desde 1912 ha sido el lugar a donde iban a consumarse muchas relaciones de pareja, más o menos clandestinas, con los gobiernos más variopintos, dictadores o condescendientes. Abierto como una marisquería a principios del siglo XX, tuvo desde sus inicios un piso superior en el que las parejas, tras el ágape, podían «hacer la siesta», pero tras el derribo y reconstrucción del edificio en 1912 se pasó de los preliminares y se constituyó como la elegante casa de citas que se ha mantenido hasta la actualidad. El acceso a pie estaba –y está– en la calle Bolívar, en los números 2 y 4, donde las parejas acababan de decidirse –o no– a entrar y hacer uso de sus instalaciones y la entrada de vehículos, mucho más discreta con acceso al aparcamiento privado, está en la avenida de Vallcarca. Dicen los administradores de La Casita Blanca que el Fossar de les Moreres es el símbolo político de Barcelona, el Liceo su símbolo artístico y La

Interior de una de las habitaciones de La Casita Blanca.

Casita Blanca el de los amores clandestinos. Y seguramente es verdad pues solo durante siete años, entre 1969 y 1976, estuvo cerrado por la presión del Gobierno, manteniéndose siempre como un símbolo de libertad y transgresión en una ciudad que fue libre y transgresora.

La Casita Blanca fue uno de los primeros establecimientos de este tipo que funcionaron en Barcelona y su discreción y su alto nivel hicieron de él una institución que fue capaz de sobrevivir a la Guerra Civil y al franquismo, seguramente con algún poderoso protector. El lujo, la discreción y la limpieza son las características de un local, que afectado por los diversos planes alrededor de la plaza de Lesseps, tiene sus días contados. Lo que no pudo la represión, lo puede la especulación urbanística, o lo que casi es peor, el afán modernizador del Ajuntament barcelonés.

❌ ❌ ❌

Calle Bonavista

La vía

En el corazón de Gràcia, la calle Bonavista es una corta vía casi paralela a la calle Còrsega que marca el límite con el Eixample de Cerdà. Es continuación de la calle Perill (Peligro) por un lado y por el otro va a dar a los «Jardinets» o Jardines Salvador Espriu que unen el paseo de Gràcia con la calle Gran de Gràcia. El nombre de Bonavista se le dio, evidentemente, por las magníficas vistas que se podían disfrutar del llano que llevaba hasta la lejana ciudad de Barcelona antes de que fueran derribadas sus murallas y se iniciara el crecimiento de la ciudad que acabaría por engullir a la villa de Gràcia. Según las leyes, no se podía construir cerca de una plaza fuerte, como lo era Barcelona, y las primeras construcciones debían estar a una distancia de 1.500 varas (una vara 0'853 metros) lo que convertía a la calle Bonavista, trazada a mediados del siglo XIX, en la primera frente a la muralla de Barcelona. Ya en 1900, cuando el Eixample había trazado su retícula de crecimiento barcelonés, el nombre de Bonavista fue adoptado por el nuevo nomenclátor. En el cruce con Torrent de l'Olla, una de las calles emblemáticas del barrio, se puede admirar todavía un edificio singular, de planta baja y dos pisos, obra del arquitecto Andreu Audet, construida para el editor Miguel Seguí y que recibió el Premio de Arquitectura de 1912. Posteriormente fue un establecimiento comercial de prestigio, El Mundo, que cerró poco después. Las bellas fachadas del edificio se han mantenido con el paso de los años.

La anécdota

Ciudad obrera y trabajadora, Gràcia cuenta en su historia con rebeliones, movimientos sindicales, destacados dirigentes obreros y violentas represiones y revueltas. En la calle Bonavista vivió hasta su detención en 1893 Martí Borrás i Jover –citado por Albert Mussons en su libro *Gent de Gràcia*– un obrero influido por las ideas anarquistas de la época que aparece en los libros oficiales de historia como «terrorista» pero que forma parte de la historia del movimiento obrero. Martí Borrás había nacido en Igualada en 1845 y se trasladó a Gràcia donde vivió y trabajó desde pequeño y donde se casó con Francesca Saperas. Seguidor de Proudhon –autor de la Filosofía de la Miseria– era un propagador de las ideas del anarquismo francés, lejos de la violencia de los rusos Bakunin o Nechayev. Junto con su compañero y amigo Emili Hugas, también vecino de Gràcia, tipógrafo, publicó en 1886 una revista llamada *La Justicia Humana* que tuvo una corta vida y en junio de 1888 lo volvió a intentar con otra publicación que llevaba un nombre mítico en el anarquismo, *Tierra y libertad*, que se publicó durante un año. Poco a poco, las ideas de Martí Borrás, influido por el bakuninista Hugas, derivaron hacia posturas más radicales y eso le llevó a la cárcel y la muerte. El 23 de septiembre de 1893, el capitán general de Catalunya, Arsenio

Martínez Campos, que había desatado una violenta represión contra los movimientos obreros, fue objeto de un atentado fallido por parte del anarquista Paulino Pallás. Martí Borrás fue detenido y encerrado en el castillo de Montjuïc donde debía ser fusilado junto a Pallás, Manuel Archs, Cerezuela y Bernat Sirerol, pero Borrás no quiso pasar por ese trámite y se suicidó el 9 de mayo de 1894.

✖ ✖ ✖

Calle de la Boqueria

La vía

El nombre de la calle de la Boqueria tiene un curioso origen. El historiador Pujades, citado por Víctor Balaguer, afirma en su *Crònica Universal de Catalunya*, que la calle, que antes llevaba el nombre de Santa Eulàlia, la santa barcelonesa por excelencia, tomó ese nombre a causa de un hecho de armas. Cuenta Pujades que Ramon Berenguer IV en una de sus correrías «por tierras de moros» llegó hasta Murcia y para dar fe de que la había tomado y saqueado se trajo de allá una de sus puertas, la cual mandó colocar en la barcelonesa puerta de Santa Eulàlia, frente a la calle del mismo nombre.

Al ver semejante tesoro, los ciudadanos se quedaron «bocabadats» que se dice en catalán, o sea boquiabiertos, o «bocats» que se decía entonces y de ahí el nombre del lugar «la boquería» que se fue tornando en el nombre popular hasta que en 1865 fue adoptado por el nomenclátor lo que ya era corriente entre la gente. La vía no va a dar exactamente al actual mercado de la Boqueria, o de Sant Josep, pero la cercanía, cuando se abrió dicho mercado hizo que se le conociera también con ese nombre. La historia del mercado se remonta a 1836 cuando desapareció el convento de los Carmelitas Descalzos y el Ajuntament proyectó la construcción.

Se empezó la obra en marzo de 1840, se reformó el proyecto varias veces hasta que en el año1853 el mercado adquirió carácter oficial. La calle de la Boqueria es una travesía comercial y peatonal, paso obligado desde la Rambla hasta el Call, el viejo barrio judío.

La anécdota

Cuenta la tradición que, en algún lugar de lo que hoy es la calle Boqueria, y que se llamó Santa Eulàlia, fue donde en el año 304 el prefecto romano Daciano hizo torturar y matar a la joven Eulalia, de 12 años, por declararse cristiana. Daciano había sido enviado a España, o Hispania, por los emperadores Maximiano y Diocleciano para poner orden en la sociedad de la época influida ya por el cristianismo, considerado una religión subversiva y contraria al orden establecido.

Daciano se puso manos a la obra y tras pasar por la Galia, empezó su trabajo en Hispania dejando recuerdo de su paso en Zaragoza, Barcelona y Valencia, principalmente. Mandó torturar y ejecutar a eminentes cristianos de la época, entre ellos San Cucufate (Sant Cugat), San Vicente Diácono, San Emeterio (ahora llamado San Medí), San Severo y la nombrada y jovencísima Santa Eulàlia, miembro de una familia destacada de la Barcino del 304. El relato que el poeta e historiador Prudencio hace de la tortura y muerte de la joven Eulalia, mezcla de tradición, leyenda y realidad, es una de las piezas más espeluznantes de la tradición cristiana, con torturas que, fueran reales o imaginarias, dan fe de la mente enferma del que las creó, fuera procurador romano o historiador cristiano.

Las versiones sobre las torturas a las que fue sometida varían según la fuente, pero todas hablan de garfios, teas encendidas, latigazos y todo ello aderezado por las sonrisas y la felicidad de Eulalia al sufrir la tortura. Víctor Balaguer afirma que todos aquellos hechos se produjeron donde hoy está la calle Boqueria, en algún torreón que todavía a mediados del siglo XIX se mantenía en pie.

✳ ✳ ✳

Calle de Cabanes

La vía

La calle de Cabanes, a la que no hay que confundir con la calle Poeta Cabanyes, es una de las vías típicas del Poble Sec que nace en la avenida del Paral·lel y se encumbra hasta la falda de Montjuïc con una pendiente pronunciada en su parte final. Desemboca en el paseo de Montjuïc con el que confluye en el mismo punto que la calle Blesa. Al contrario que esta ultima, la calle Cabanes no conserva edificios antiguos de la época en que fue abierta, 1900.

El nombre está dedicado a Pere Cabanes y Farreras, prohombre barcelonés que compró gran parte de los terrenos dedicados al «poble sec» (Pueblo Seco) que llevaba ese nombre cuando se urbanizó para diferenciarlo de las cercanas marismas. Lo más destacado de la calle es el gran edificio que alberga a la empresa eléctrica FECSA-ENDESA que se levanta donde estuvo la térmica conocida como La Canadiense porque, cuando fue fundada, a finales del siglo XIX, su principal propietario era el Canadian Bank of Commerce, de Toronto. Hoy en día, las modernas oficinas forman un conjunto con el contiguo parque que ha conservado Las Tres Chimeneas que formaban parte de la central térmica. Frente al modernísimo hotel que hay a la entrada de la calle se accede a dichas oficinas, aunque nominalmente está situada en la avenida del Paral·lel. Dentro de la dureza de la plaza abierta junto al jardín y su aspecto un poco desolado, el conjunto tiene cierto encanto con una original escultura que no es otra cosa que una vieja turbina y la presencia de un insecto poco frecuente en Barcelona, ¡moscas! Una inusual abundancia de moscas tal vez relacionadas con los estanques que adornan el conjunto o quizás descendientes de las que poblaban las marismas de esa zona en el siglo XVII.

La anécdota

El día 5 de febrero de 1919 estalló en Barcelona una de las huelgas generales más importantes de las que la Ciudad Condal ha

vivido en su historia. Se la conoció como «la huelga de la Canadiense» porque se inició en aquella importante fábrica de producción de gas y electricidad que suministraba prácticamente a
toda la ciudad y a su pujante industria.

Durante 44 días se llegó a paralizar más del 70% de la producción industrial de Catalunya a causa de un conflicto, en
apariencia menor, pero que destapó todas las contradicciones y
enfrentamientos que rompieron la sociedad catalana en el siglo
XX. Ocho trabajadores de las oficinas de la empresa habían sido
despedidos por tratar de formar un sindicato independiente.

Cuando 117 trabajadores, compañeros de los despedidos, se
entrevistaron con el gobernador para que intercediera por ellos,
fueron despedidos a su vez y eso hizo estallar el conflicto. Los
despedidos pidieron ayuda a la CNT, a la que hasta entonces
no pertenecían, y a los trabajadores catalanes y la huelga se fue
extendiendo rápidamente por todo el principado. A las 4 de la
tarde del día 21 de febrero, Barcelona se quedó sin fluido eléctrico y totalmente paralizada y poco a poco se fueron sumando
al paro otras grandes fábricas y productoras de electricidad. A
mediados de marzo, el ejército ocupó la ciudad y trató de res-
tablecer el fluido eléctrico al tiempo que se desataba una gran
represión contra los trabajadores y el movimiento sindical. Tras
la muerte a manos de la policía de Miguel Burgos, secretario del
ramo de la electricidad de la CNT, la huelga se dio por terminada el 12 de abril.

De resultas de la huelga se creó la Federación Patronal Española y se inauguró la época conocida como «el pistolerismo»
con más de doscientos sindicalistas y obreros asesinados por los
pistoleros de la patronal y una veintena de patronos por parte de
los sindicatos.

✖ ✖ ✖

Calle del Call

La vía

Entre la calle Banys Nous y la plaza de Sant Jaume, discurre una corta, retorcida y estrecha calle que lleva el nombre del Call, algo así como la calle Mayor del que un día fue el barrio judío de Barcelona. Nada parece recordar en esta calle, perpendicular a la calle de Sant Domènec del Call, a un barrio vivo y activo que jugó un papel importante en la ciudad en todos los sentidos. En él, hasta 1391, los habitantes del barrio eran judíos barceloneses, miembros de una comunidad establecida allí desde hacía siglos y otros llegados de Francia. En esa calle colocaban sus mercancías en un mercado a que acudían gentes de toda la ciudad y muy cerca, en la calle de Sant Domènec, llamada calle de la Sinagoga Mayor, estaba efectivamente ese templo, construido en 1267 con autorización del rey Jaume I. Las adyacentes calles de Baixada de Santa Eulàlia, Banys Nous y Sant Honorat formaban parte de un barrio que, en la época romana ocupaba una cuarta parte de la ciudad, y en la alta Edad Media sirvió de gueto para la comunidad judía. El nombre de Call se supone que proviene de la palabra judía *kahal* que significa creyente, pero Víctor Balaguer opina que proviene del catalán *cal juich*, algo así como «casa del judío». En el siglo XIX, la calle del Call era una de las más concurridas de Barcelona, con importantes y lujosas tiendas de sedas

La calle de Sant Honorat, que hace esquina con la del Call, forman uno de los múltiples rincones del barrio judío.

y de trajes de señora, probablemente una calle parecida a la que ahora es el paseo de Gràcia en cuanto a lujo y elegancia. En la actualidad, han quedado como herencia de aquellos lujos las veteranas tiendas de botones y objetos de adorno en que se puede encontrar de todo, desde piezas para hacer un collar hasta cintas para el cabello.

La anécdota

En un librito escrito por el eminente historiador Pelegrín Casabó llamado *La España judía*, se da cuenta del nefasto acontecimiento que se inició el día 5 de agosto de 1391 en el barrio judío de Barcelona. Cita Pelegrín Casabó que existe en la Biblioteca del Escorial un manuscrito del consejero y jurisconsulto Juan de Vallseca, judío converso, del que se desprende que «emisarios venidos de Sevilla y Valencia» provocaron una masacre en el Call judío de Barcelona. Relata Vallseca que este grupo de conspiradores incitaron al pueblo, y a los campesinos en especial, contra los judíos del Call con la intención de saquear sus tiendas y sus casas aprovechando los prejuicios religiosos. Cuenta Casabó, citando el manuscrito de Vallseca, que unas cien personas fueron asesinadas a cuchillo aquel día en el barrio y los demás ciudadanos judíos buscaron refugio en el Castillo Nuevo, una de las fortalezas de la muralla. Al día siguiente las autoridades y «muchos ciudadanos honrados», según Casabó, reforzaron la guardia del castillo, capturando a los alborotadores llegados de fuera, con la intención de colgarlos por los crímenes cometidos, pero una turba de ciudadanos, enardecidos, asaltó la prisión, soltó a los detenidos y mataron e hirieron a diversos ciudadanos de bien. Algunos malvados –relata Casabó– rompieron a hachazos las puertas de la muralla y después de dos días de intentos lograron irrumpir en el Castillo Nuevo. Los judíos que se negaron a recibir el bautismo fueron muertos allí mismo y sus cadáveres lanzados a las calles. En dos días fueron asesinadas más de trescientas personas, barceloneses de religión judía, desposeídos y robados e incluso se premió a los miembros del somatén que habían tomado parte en el crimen. La razón, sin lugar a dudas, como en todos o casi todos los pogromos contra los judíos en Europa, no era otra que el robo, apoderarse de sus bienes y cancelar con sangre las deudas que con ellos pudiesen tener algunos de los instigadores. Los que pudieron salvar la vida huyeron al norte de África y el barrio judío de Barcelona desapareció.

✖ ✖ ✖

Calle de les Camèlies

La vía

La corriente romántica de la época (1900) hizo que alguien pusiera el poético nombre de Les Camèlies a la calle que va desde la del Escorial hasta la plaza de la Font Castellana en la parte alta de la ciudad. Es una calle de gran vitalidad, ancha, continuación de la del Cardener y no consta que se la nombrara así por *La Dama de las Camelias*, aunque todo podría ser. De trazado difícil, sinuoso y con altibajos, es no obstante una calle fundamental en el tráfico rodado de la parte alta de la ciudad, comunicando los barrios de Horta y Guinardó con Gràcia y Sarrià. Hacia el final de su trazado, entre las calles Sardenya y Secretari Coloma se encuentra un estadio de fútbol veterano de la ciudad, el antiguo campo del Europa, conocido ahora como Camp Municipal de Futbol Nou Sardenya. El Club Europa, fundado en 1907, tuvo su campo primitivo muy cerca, en el cruce de las calles Sardenya y Providència, pero tras la Guerra Civil perdió su terreno de juego. El nuevo estadio se construyó al lado, entre las calles Sardenya (Cerdeña), Camèlies y Secretari Coloma, una zona prácticamente deshabitada por entonces y fue inaugurado el 1 de diciembre de 1940. Hacia el final de la calle, también mirando hacia el mar, se encuentra el magnífico Parc de les Aigües (Parque de las Aguas) uno de los más grandes con los que cuenta la ciudad del que forma parte los Jardines Hiroshima, dedicado a la ciudad japonesa devastada por la primera bomba nuclear lanzada en el mundo en agosto de 1945. El parque, entre la plaza de Alfonso X y la calle Camèlies, es un ejemplo típico de jardín de finales del siglo XX, con 2 hectáreas de extensión. Abierto al público en los años 80, cuenta con un área para jugar a baloncesto y un frontón, además de una de las excelentes bibliotecas de la red pública. Y mención especial merece también la existencia del Centro Municipal de Información y Recursos para las Mujeres con una biblioteca especializada.

La anécdota

La anécdota escogida de la calle Camèlies viene dada por una empinada calle uno de cuyos laterales es el mencionado Parc de les Aigües. Es corta, con casas bajas de apenas dos plantas en uno de sus lados y dedicada a un árabe argelino, Abd el Kader. Se trata de un patriota y guerrero nacido en la ciudad de Guetna, en la región argelina de Mascara y muerto en Damasco en 1883. Abd El Kader era Emir de Argelia, nominalmente parte del Imperio Otomano aunque prácticamente independiente. En 1839, en plena fiebre imperialista europea, Francia decide invadir Argelia y convertirla en una colonia y dos años más tarde, Abd El Kader se proclama sultán independiente e inicia la guerra contra los franceses. En 1837 consigue llegar a una paz pactada dividiendo el territorio entre los ocupantes y el sultanato, pero en 1843 los franceses traicionan sus propios pactos y ocupan toda Argelia, lo que obliga a Abd El Kader a refugiarse en Marruecos desde donde continúa la guerra hasta que en 1844 pierde la importante batalla de Isly y ya sin posibilidades de resistencia, tres años después, pacta su rendición que, una vez más, los franceses traicionan. Encarcelado hasta 1852 será liberado por el nuevo emperador francés, Luis Napoleón, que le concederá incluso una pensión vitalicia y se exiliará primero en Bursa, en Turquía, y después en Damasco donde morirá en 1883. La pregunta que queda en el aire es ¿por qué el Ajuntament de Barcelona le concede el honor de dedicar una calle a un rebelde, anti-europeo, comparable a Abd El Krim? Misterios de la vida.

Calle del Carme

La vía

La calle es una de las más características y famosas de la Barcelona antigua, la anterior al Pla Cerdà, y una de las vías más transitadas, incluso hoy en día. Comunica la Rambla con la plaza Padró donde confluye con la calle Hospital juntándose ambas, como si de de dos ríos se tratara, para continuar juntas como calle de Sant Antoni Abad hasta la ronda de Sant Pau. En 1865 se le confirmó el nombre por el que ya se la conocía de antiguo por la existencia del convento del Carme, sede de los Carmelitas Descalzos, establecidos en Barcelona desde fecha anterior a 1294. En 1835 sufrió un incendio y su reconstrucción fue ya encaminada a la actividad docente, con la creación en el interior de su recinto de la Universitat Literària. Frente al lugar donde estuvo el convento se levantó el Hospital de la Santa Creu, que tiene su entrada principal en la calle Hospital, y en el edificio se ubica la Biblioteca de Catalunya. En el solar de otro convento, el de Jesús, se levanta ahora la institución Milà i Fontanals y la Escuela de Medicina. En el número 24 sobrevive una de los más antiguos

Fachada de la iglesia de Betlem, diseñada por el arquitecto Josep Juli.

comercios del barrio, El Indio, dedicado a la venta de telas y a la altura del número 71, poco antes de llegar a la plaza de Maria Aurèlia Campmany viniendo desde la Rambla, se encuentra una de las calles más curiosas de Barcelona; es apenas un callejón, sin salida, que se llama del Malnom, o Mal nombre, que conserva desde antiguo. Un documento de 1634 afirma que tuvo como nombre Titella, aunque también podría ser Tifella, ambos nombres lo bastante feos como para que se cambiaran de forma tan original.

La calle del Carme comunica la Rambla barcelonesa con el Raval.

La tradición del barrio afirma no obstante que era una calle donde florecía la prostitución y la mala vida por lo que se optó por un nombre que le cuadraba muy bien.

La anécdota

Barcelona, ciudad revolucionaria y levantisca, ha quemado sus iglesias con una regularidad asombrosa, lo que da idea de la mala relación entre el clero, siempre afecto al poder, y el pueblo llano. Una de estas ocasiones, la del alzamiento militar de 1936, fue especialmente dura para las iglesias y conventos de la ciudad y una de las víctimas fue la rica y lujosa iglesia de Betlem. En la esquina de la calle del Carme con la Rambla está situado este templo, de estilo barroco, cuya construcción data de 1680 aunque las obras se finalizaron mucho después, en 1729. Fue parte del conjunto de edificios que formaban la residencia de los jesuitas, diseñado por el arquitecto Josep Juli y edificado sobre una iglesia anterior, de 1553, destruida por un incendio en 1671. Tras la expulsión de los jesuitas en 1767, se continuó con la decoración y renovación interior de la iglesia hasta una fecha tan tardía como 1855. La iglesia de Betlem fue, de todas las iglesias barcelonesas, la más lujosa, recuerdo del poderío de los jesuitas. De una sola nave, su interior estaba decorado con marqueterías de mármoles de colores y estucos italianos bruñidos al fuego, poseía un magnífico retablo y grandes celosías en las tribunas, enriquecidas con figuras de talla policromada y dorada y sus bóvedas estaban pintadas con grisallas. La puerta, en la calle del Carme, está todavía decorada con columnas y la efigie de los santos preferidos de los jesuitas, Ignacio de Loyola y Francisco de Borja y con una representación del nacimiento de Jesús. A pesar de sus tesoros y de la importancia artística, el templo fue incendiado el día 20 de julio de 1936 tras el asalto que sufrió por parte de milicianos armados. El edificio ardió hasta la tarde del día siguiente, 21, consumiéndose toda su riqueza artística interior. Aunque la estructura también sufrió daños pudo ser reconstruida siguiendo los planos originales.

❊ ❊ ❊

Calle de Cartagena

La vía

El nomenclátor de calles de Barcelona no da ninguna pista de por qué se bautizó con el nombre de Cartagena a la calle número 44 del Pla Cerdà y se limita a recordarnos que es una ciudad perteneciente a la comunidad de Murcia –algo que los naturales de Cartagena rechazan de plano– y que fue la antigua capital de la provincia romana Cartaginensis. Claro que, anterior a la provincia romana, ya existía Qart Hadasht, la Ciudad Nueva, fundada por el cartaginés Asdrúbal y a la que los romanos llamaron Cartago Nova, o la nueva Cartago. Aunque en realidad todo esto sigue sin tener demasiada relación con Barcelona, salvo quizás por el hecho de que la tradición afirma que también Barcelona fue fundada por un cartaginés, el suegro de Asdrúbal, Amílcar Barca, aunque este hecho, históricamente, no está probado. Sea como fuere, la calle Cartagena inicia su andadura en la Diagonal, justo a unos metros de la plaza de las Glòries y se encarama hasta la avenida Verge de Montserrat después de pasar el Hospital de Sant Pau, el espacio más grande que la ciudad de Barcelona dedica a la Salud y los frondosos jardines del Doctor Pla i Armengol. Poca cosa más tiene de destacable esta calle típica del Eixample, aunque la sola existencia del Hospital de Sant Pau ya es motivo suficiente para que se hable de ella. La entrada del Hospital está en el chaflán que forma la calle Cartagena con la avenida de Gaudí, un paseo oblicuo que arranca frente a la Sagrada Família y va a parar a la entrada del Hospital. El edificio, obra del arquitecto modernista Domènech i Montaner, se empezó a construir en 1902 para dotar a la ciudad de un nuevo hospital que sustituyera al de la Santa Creu (Santa Cruz) en el casco antiguo, que se había quedado pequeño. El financiero y benefactor que corrió con los gastos fue el banquero Pau Gil, de ahí que al hospital finalmente se le diera el nombre oficial de Hospital de la Santa Creu i Sant Pau, aunque coloquialmente ha sido conocido siempre como Hospital de Sant Pau. Se trata sin duda del edificio modernista más significativo de Barcelona, al mismo nivel que la Sagrada Família o el Palau de la Música.

La anécdota

La confluencia de las calles Cartagena y València no parece tener nada extraordinario, salvo la pequeña diferencia de que a la calle València llega un pasaje, por nombre Vilaret, que tiene la virtud de atravesar en diagonal dos manzanas de casas, desde la calle Provença hasta València. En el chaflán justo al lado, el formado por la calle Cartagena, subsiste todavía una pequeña tienda, hoy de comestibles, que fue hasta hace poco una granja, de las más antiguas del barrio, donde se expedía leche –incluso llegó a tener un corral con una vaca–, pan y diversos tipos de pasteles. Frente a esa granja, cuando se acercaba por la calle Cartagena, fue abatido a tiros el domingo día 5 de diciembre de 1982 poco antes de las nueve de la mañana, el miembro de los GRAPO, (Grupos de Resistencia Antifascista Primero de Octubre), Juan Martín Luna, responsable de propaganda de la organización y huido de la prisión de Zamora tres años antes. Los tres policías que dispararon sobre él –siete balazos casi todos mortales– fueron juzgados posteriormente y condenados por homicidio con la eximente parcial de cumplimiento del deber, lo que les supuso seis meses de cárcel, pero quedó la constancia judicial de que Martín Luna, condenado en 1977 por el asesinato de Florencio Herguedas, capitán del Ejército, no había mostrado intención de usar la pistola que portaba.

�ిం ✶ ✶

Avenida del Castell

La vía

Desde 1979 esta carretera, más que avenida, lleva el nombre de avenida del Castell (avenida del Castillo) porque es el acceso al castillo de Montjuïc desde el paseo del Migdia por el sur y desde la carretera de Monjuïc por el norte. A su alrededor sólo hay bosque y zigzagueantes caminos que forman una red en la vieja montaña. Evidentemente, el castillo es el único edificio que hay en el trazado de la avenida que hasta 1979 se llamo del General Barroso, un espadón de la Restauración del que ya nadie recuerda nada, ni siquiera el nomenclátor del Ajuntament. El castillo tal y como es ahora empezó construirse en el siglo XVIII sobre una pequeña fortaleza anterior erigida en 1640 por orden del rey Felipe IV para reprimir una de las muchas rebeliones de la ciudad contra los Reyes. El edificio fue reconstruido en 1715 tras la Guerra de Sucesión, al tiempo que se erigía la Ciudadela y consistió en un cuadrilátero de más de 100 metros de lado y varias murallas que se extendían en la puerta principal a 69 metros de longitud. Su perímetro fue ampliado posteriormente durante la Guerra de la Independencia. Posee la típica planta de estrella para evitar los ángulos muertos y el acceso al primer recinto se realiza a través de una puerta con rastrillo, por la que se sube al segundo recinto a través de dos rampas abovedadas que sirven de acceso al cuerpo central de la fortaleza. Posee también una plaza porticada, pabellones, zona residencial para el gobernador de la fortaleza, así como cuarteles, prisiones, polvorín y cisternas para recoger las aguas pluviales. Visto siempre como una amenaza por los barceloneses, el castillo se convirtió en Museo Militar tras la Guerra Civil y en 1997 le fue cedido al Ajuntament de Barcelona.

La anécdota

Cuenta la tradición que en las faldas de Montjuïc existió un asentamiento de judíos de la diáspora en época remota, una ciudad asentada sobre el monte que rivalizaba con la de Barcelona, en el monte Taber. Según ha recogido Joan Amades en sus tradiciones populares, había una profunda mina que comunicaba las dos ciudades y por ella pasó nada menos que San Pedro, el discípulo de Cristo y padre fundador de la Iglesia, para predicar entre los autóctonos de Taber. Conocido pues ese monte, como «de los judíos», de ahí derivaría el nombre Montjuïc, aunque los historiadores y arqueólogos no han encontrado nunca restos de aquella supuesta ciudad ocupada por judíos de Palestina. De un modo menos romántico y más histórico, se dice que en lo alto de la montaña, ya en época más tardía, en la colonización romana, hubo un templo de Júpiter, y de ahí derivaría el nombre. También cuenta la tradición que cerca del castillo existía una cueva, de la que se ha perdido el rastro en la actualidad, en la que vivió un dragón de siete cabezas, una especie de *hydra* como la que cuentan las leyendas griegas. Otras historias en el terreno de la leyenda, cuenta que la montaña de Montjuïc es una montaña viva que regenera constantemente su piedra, por lo que a pesar de haberse usado como cantera desde la época romana, sigue estando fresca como el primer día. Todas estas leyendas y otras relativas a la Font del Gat o a los rincones más oscuros de sus arboledas, hacen que siempre se la haya considerado como una montaña mágica.

✷ ✷ ✷

Calle de la Cendra

La vía

En contra de la creencia popular, la calle de la Ceniza, de la Cendra, nada tiene que ver con los restos de algo que ha ardido, sino que es una corrupción del nombre Sendre o Sendra, el propietario de unas casitas situadas en el lado de la cerca que protegía al huerto del convento de las Jerónimas. Hoy día es una corta y estrecha calle, sin nada destacable, en el barrio del Raval; una calle peatonal y con algunos atractivos comerciales para el visitante. Conocida antes como calle dels Cans, calle de los Perros, se urbanizó y se le dio el nombre de Cendra en 1865, como muchas otras calles de Barcelona a raíz de la aprobación de la apertura de la ciudad con el Plan que abriría el Eixample. Su corto trazado va desde la calle de Sant Antoni Abad hasta la plaza de la Duda o del Dubte, y enlaza con la pequeña y también peatonal Requesens.

La plaza del Dubte que la cierra en su parte alta es anecdótica porque hasta 1995 se la consideró una calle, tan pequeña que se podía recorrer en pocos pasos y se decidió convertirla en plaza. El nombre de esta singular plaza, continuidad de la calle Cendre, le vino dado por una antigua fuente que los propietarios de varios huertos de la zona se disputaban entre sí. Como no hubo acuerdo, la fuente fue llamada «de la Duda», nombre que mantuvo la calle, y sí que hubo acuerdo para darle categoría de plaza dado su tamaño. Por lo que respecta a la pequeña calle de Requesens, debe su nombre a la ilustre familia de comerciantes establecidos en el siglo XIII en Tarragona. La calle se dedicó a Luis de Requesens y de Zúñiga, nacido en Barcelona en 1528, Comendador Mayor de Castilla, consejero de Juan de Austria. Embajador ante el Papa de Roma Pío IV. La calle, discreta y humilde, no hace honor por supuesto a tan gran personaje.

La anécdota

El 1594, más o menos en el espacio que hoy ocupa la calle Ceniza, estuvo la gran mansión de Juan Antonio Morell, un culto y conocido banquero de familia de judíos conversos, de gran prestigio en la ciudad. La desgracia cayó sobre Morell que, en 1602, sufrió un importante desastre financiero y se vio involucrado en un crimen por el que hubo de huir de Barcelona. Morell tenía una hija, Juliana, que tenía entonces 8 años, y con ella emigró a Lyon donde logró establecerse nuevamente. Esta niña, Juliana Morell, pasaría a la historia como célebre políglota, poeta, religiosa y pensadora, claramente superdotada. Cuando salió de Barcelona, a tan temprano edad, Juliana ya había aprendido griego, latín y hebreo estudiando con los frailes dominicos y sabía leer y escribir en castellano desde los cuatro años. Ya en Lyon continuó sus estudios y aprendió francés, árabe e italiano, idiomas que ya dominaba a los doce años. Hay constancia de que a los diecisiete hablaba, leía y escribía ya en catorce idiomas además de estudiar Filosofía, Matemáticas, Derecho Civil y Derecho Canónico, Astronomía, Física y Música. Fue en 1606 o 1607, cuando contaba doce o trece años, cuando defendió su tesis *Cum Lógicas tum Morales* dedicadas a Margarita de Austria, reina de España, y en 1608 recibió el doctorado *suma cum laude* en Filosofía por la universidad de Aviñón. Rebelde ante la imposición de su padre, que pretendía casarla contra su voluntad, la joven Juliana entró en el convento dominico de San Práxedes de Aviñón como novicia e hizo los votos finales el 20 de junio de 1610. A los tres años de sus votos ya era priora, y fue elegida dos veces más; en este convento pasó el resto de su vida hasta su muerte el 1656. De su gran producción literaria han quedado gran cantidad de poemas en francés y latín y traducciones al francés de infinidad de textos religiosos.

✂ ✂ ✂

Paseo de Colom

La vía

El paseo de Colom, bautizado así en 1925, es sin duda una de las vías más características de Barcelona, parte de su fachada marítima y muestra de la a veces difícil convivencia de Barcelona con el mar. Su recorrido, desde el final de Les Rambles hasta el Pla del Palau, o plaza Palacio, tiene a un lado el muelle del antiguo puerto y al otro una serie de edificios entre los que destaca el ocupado por la Capitanía General, un antiguo convento del siglo XVI construido por la Orden de la Mercè, y en el lado mar se encuentra también un edificio notable, el del Puerto Autónomo y la Aduana, obra de Enric Sagnier. Hasta 1984, el paseo de Colom arrancaba en el Paral·lel, en la que ahora es plaza de Drassanes e incluía por tanto el edificio de las Reales Atarazanas. Desde ese año, ese tramo hasta la Rambla recibe el nombre de Josep Carner y el paseo de Colom empieza delante del edificio del Puerto Autónomo, siguiendo un trazado paralelo al actual puerto en el llamado muelle de Bosch i Alsina o Moll de la Fusta. El edificio de las Reales Atarazanas es el astillero gótico más importante que se conserva, instalado ahí por orden del rey Pedro el Grande en 1282 y fue en 1378 cuando se acabó de construir, en el reinado de Pedro III. Entre 1957 y 1966 se realizó una profunda remodelación y se creó el Museo Marítimo que acoge en la actualidad.

La urbanización del paseo de Colom se inició a partir de la desaparición de la antigua muralla entre 1878 y 1881 y se inauguró en 1888 para la Exposición Universal. Entre 1983 y 1987 se urbanizó de nuevo con un experimento de bares y restaurantes en la fachada marítima que no tuvo demasiada continuidad, pero sí se ha mantenido el lado contrario con edificios notables, como la Capitanía, y donde puede también admirarse el edificio de la Bolsa –la Llotja– o el de Correos en la esquina con la Vía Laietana. En la confluencia con la Rambla está el monumento a Colón, uno de los monumentos más antiguos de la ciudad, inaugurado el 1888, obra del arquitecto Gaietà Buïgas y del escultor Rafael Atché.

La anécdota

Barcelona está jalonada de recuerdos de su pasado revolucionario y a veces violento y desde luego de los acontecimientos alrededor de la Guerra Civil que ensangrentó España entre 1936 y 1939. Uno de estos recuerdos está íntimamente ligado a uno de los edificios más interesantes del paseo de Colom, el que alberga la Capitanía General y que fue, hasta 1936, sede del Cuartel General de la

Cuarta División del Ejército. En ese cuartel se instaló el general Goded, llegado desde Mallorca, para dirigir el alzamiento fascista en Barcelona y ahí soportó durante casi dos días el asedio del pueblo barcelonés, especialmente de los sindicalistas de la CNT y los anarquistas de la FAI. No obstante, rebuscando por la historia se encuentran a veces datos misteriosos enterrados en el olvido. Formando parte de los atacantes a la instalación militar había un grupo de hombres del entonces pequeño Partido Comunista que poco después se unirían a otros pequeños partidos para formar el PSUC (Partit Socialista Unificat de Catalunya) la versión catalana del PCE dirigido por José Díaz y Dolores Ibárruri. Entre los militantes del PC, armado con un fusil y una determinación absoluta, estaba un joven de 22 años llamado Ramón Mercader del Río, hijo de Caridad Mercader, una militante comunista nacida en La Habana y encuadrada también en el PSUC.

El joven Ramón triunfó junto con sus compañeros en el asalto al edificio de la Capitanía aunque hubo que lamentar la muerte de muchos asaltantes, entre ellos la de su mejor amigo, Jaume Graells. Inmediatamente sofocada la rebelión en Barcelona, Ramón Mercader contribuyó a la formación de una columna de voluntarios para marchar al frente de Aragón, una columna que llevó el nombre de Graells en homenaje al compañero caído. Pasó después al frente de Madrid y al parecer regresó de nuevo a Barcelona. En algún momento de la guerra o tal vez al final, cuando salió de España con destino a París, fue captado por los servicios secretos soviéticos, el NKVD, después GPU y finalmente KGB y, al servicio de Stalin, se infiltró entre los disidentes trotskystas de París. Tras ganarse la confianza de los trotskystas y del mismo León Trotsky, exiliado en México, Mercader le asesinó el día 20 de agosto de 1940. No fue hasta agosto de 1953 que se pudo conocer la verdadera identidad de aquel hombre que se hacía pasar por belga, una identidad que él siempre mantuvo en secreto como buen profesional. Condecorado como héroe de la Unión Soviética, falleció en La Habana en 1978 sin haber podido cumplir su sueño de volver a pisar su querida Barcelona.

✖ ✖ ✖

Calle Comtal

La vía

A mediados del siglo XIV existía extramuros, en el lugar donde ahora está la calle Comtal, el palacio de Valldaura, perteneciente a los Condes de Barcelona. En esa época se abrió una calle para comunicar lo que entonces eran la plaza de Santa Ana y la de Junqueras que, andando el tiempo, se transformaron en la avenida Portal de l'Àngel y calle Jonqueres. Al abrirse la calle recibió el nombre de Condal o Comtal debido a ese palacio y así se ha mantenido a lo largo de la historia y sus muchos avatares. Alrededor del susodicho palacio se fue formando un nuevo barrio, un entramado del que la primera calle fue ésta, Comtal.

Hoy en día es una calle típica del barcelonés barrio medieval donde conviven modernos comercios dedicados principalmente al turismo con restos de lo que era hace siglos. Los edificios de la corta calle alternan una antigüedad medieval con algunas construcciones del siglo XIX que acabaron de configurar una calle eminentemente barcelonesa y por suerte peatonal. En una de sus esquinas, un mural hecho de azulejos recuerda a la poetisa y escritora Isabel Abad, barcelonesa, premio Juan Boscán 1981, un año después de que apareciera su primer libro de poemas, *Motivos de isla*.

En su haber hay otros premios como el Ciudad de Toledo, Ciudad de Pontferrada, Carmen Conde de poesía de mujeres, Vicente Aleixandre y Ciudad de Martorell. Todo un lujo para una calle tan discreta. En los números 14 y 16 brilla el conjunto de dos magníficos edificios del siglo XVIII con planta baja con arcos y un bello decorado en el primer piso con relieves barrocos y muy cerca, en los números 20 y 16 dos grandes portones, uno de ellos la calle Espolsasacs, llevan al paseante a otros tiempos en los que las caballerías transitaban por la ciudad.

La anécdota

En el número 20 de la calle, hacia el mar, se abre una pequeña calle que más parece una antigua caballeriza, con el curioso nombre de Espolsasacs (algo así como Sacudesacos en castellano) y un azulejo en su muro cuenta la historia. Dice el letrero, que en el siglo XV, daban a esa calle las ventanas enrejadas del convento de los frailes agustinos de la cercana calle Montsió. El pueblo llano les conocía como «los frailes del saco» por sus hábitos hechos con tela de arpillera y sin forma, como un saco. Los frailes no lavaban nunca aquella tela áspera y seca y se limitaban a sacudirlos por las ventanas para quitarles el polvo. De ahí el nombre de la estrecha callejuela.

Baldosa que recoge las costumbres de «els frares del sac».

La comunidad de frailes agustinos de Montsió provenían, al parecer, de Caballeros del Santo Sepulcro regresados de la primera cruzada que en 1141 se acogieron a la regla de San Agustín y construyeron el convento y la iglesia en lo que hoy es calle Montsió (o Monte Sión, de Jerusalén). La comunidad agustina, no obstante, tiene otra historia relacionada con la iglesia de Sant Agustí Vell (San Agustín Viejo) en la calle Comerç y en la de Sant Agustí Nou (San Agustín Nuevo) en la calle Hospital. Se baraja la posibilidad de que la comunidad de San Agustín estuviera ya presente en Barcelona desde el año 393 en que San Paulino de Nola pasó por la ciudad.

※ ※ ※

Calle del Consell de Cent

La vía

Una de las típicas calles del Eixample, paralela al mar, es la de Consell de Cent, con un trazado, una anchura y un aspecto que no la diferencia gran cosa de la mayoría de calles paralelas, salvo por el hecho curioso de que arranca dibujando una diagonal en la calle Creu Coberta, se corta por el edificio del antiguo matadero, hoy convertido en el parque de Joan Miró, y continúa después, recta, como todas las demás, hasta morir en la avenida Meridiana, a la entrada del barrio del Clot. De su recorrido cabría destacar la gran concentración de galerías de arte en una zona relativamente reducida, a la altura de Rambla de Catalunya y paseo de Gràcia.

Es digno de destacar también la recuperación de dos patios de manzana, de los diseñados en principio por Cerdà, uno de ellos entre las calles Calàbria y Viladomat –lado mar– y otro entre Viladomat y Comte Borrell, también lado mar. El nombre de Consell de Cent (Consejo de Ciento), dado a la calle en el año 1900, se refiere al consejo de cien notables que formaba la asamblea consultiva del gobierno municipal de Barcelona y que fue abolida por Felipe V en 1714 por el Decreto de Nueva Planta. Desde ese Consell de Cent se gobernaba un área que iba desde Montgat a Castelldefels y desde Montcada hasta Molins de Rei, y el salón de reuniones de plenos del Ajuntament de Barcelona lleva ese nombre, Saló de Cent, en recuerdo de aquella asamblea.

La anécdota

Ocupando el chaflán de Consell de Cent con el paseo de Sant Joan hay hoy en día un moderno edificio que en nada recuerda a la sala de fiestas Scala que allí estuvo, ni a un acontecimiento que tuvo lugar en 1978. El domingo 15 de enero de ese año tras una manifestación convocada por la CNT contra los llamados Pactos de la Moncloa que pretendían acabar con el franquismo de una forma no traumática, un grupo de jóvenes lanzó varios cócteles molotov contra la puerta del Scala. El local ardió rápidamente y el edificio se derrumbó causando la muerte de cuatro trabajadores, paradójicamente afiliados a la CNT, que se encontraban en el local en aquel momento.

Días después, la policía detenía a tres individuos acusados del lanzamiento de los cócteles de los que se dijo formaban un comando de la FAI (Federación Anarquista Ibérica) y eran también afiliados a la CNT. El incendio se transformó aquella tarde en un espectáculo que atrajo a decenas de curiosos antes de que se supiera que dentro habían quedado atrapadas cuatro personas.

La vista del caso tuvo lugar en diciembre de 1980, casi cuatro años después de los hechos y, naturalmente, los acusados de la CNT negaron toda implicación y sus abogados acusaron implícitamente al Estado de un montaje encaminado a reprimir a los grupos anarquistas. La sentencia condenó a tres detenidos a diecisiete años de prisión como autores de un delito de homicidio involuntario y por fabricación de explosivos y a dos más por complicidad. En 1983 volvió a abrirse el caso tras la detención de otro individuo, confidente policial infiltrado en la CNT, que también fue condenado a siete años de prisión por tenencia de armas y de explosivos. En el aire siempre ha quedado la duda si fue una operación de desprestigio de la CNT o si la CNT se desprestigió sola con esa acción y pretendió eludir responsabilidades.

✖ ✖ ✖

Calle de la Constitució

La vía

Situada entre los barrios de La Bordeta y de Sants, la calle Constitució está dedicada no a la Carta Magna de 1978, sino a la de 1869, surgida después de la Revolució de septiembre de 1868 –La Gloriosa–, que derrocó a Isabel II. Esta calle fue nombrada así siguiendo los ideales progresistas de la época que dieron otros nombres como Progreso, Libertad, Riego, etc. La calle forma una única vía con la adyacente de Gavà y con la calle Santa Eulàlia, su continuidad en el municipio de l'Hospitalet, que de hecho forma una única unidad urbana con Barcelona. Siguiendo la misma calle Constitució, al cruzar la calle de Badal se entra ya en l'Hospitalet. Constitució es una de esas abigarradas calles del barrio de La Bordeta, muy comercial, con dos sentidos de circulación rodada en sus dos estrechos carriles y un movimiento realmente febril. En el cruce con la calle Badal, el paseante puede encontrarse, al mirar hacia la montaña, con una de las vistas más espectaculares de la gran antena de comunicaciones de Collserola y en el número 53, antes que la fiebre constructora acabe con él, sobrevive un viejo edificio, testigo del paso del tiempo, donde un rosetón metálico oxidado nos indica que se construyó en 1848. Un poco más adelante avanzando hacia Barcelona se encuentra la iglesia de Sant Medir, construida en 1949 junto a la fábrica de Can Batlló, y que desde entonces ha sido un centro cultural para el barrio, aunque sin lugar a dudas tiene uno de los campanarios más feos de la cristiandad.

La anécdota

A la altura del número 10 de la calle Constitució, se abre en dirección a la montaña una pequeña calle que lleva el nombre de Toledo, la antigua capital del reino visigodo de España. Llega hasta la calle Manzanares y no llama la atención en absoluto pues se trata de una calle corta y estrecha, típica del barrio, con viejos edificios por los que parece no haber pasado el tiempo desde el siglo XIX. No obstante, el tiempo puede que no, pero la historia sí ha pasado por esa calle y una historia con cierta violencia.

En el número 10, justo en la esquina del pasaje con el mismo nombre y número, existió en los años diez y veinte del siglo pasado un taller de confección que, a pesar de su aspecto inocente, ocultaba nada menos que un almacén y fábrica de explosivos de los anarquistas más radicales de la época. En el local, rodeados de material para la fabricación de bombas, se reunía un grupo de acción directa dirigido por Vicenç Sales y su compañera Roser Benavent, dos de los más activos elementos del movimiento obrero en aquellos años. El grupo, que llegó a contar con cuarenta miembros, fue extraordinariamente activo y violento en aquellos años de pistolerismo y llegó a montar un refugio para perseguidos por la patronal o la policía en la masía llamada La Farinera, en Sant Feliu de Llobregat, donde instalaron un nuevo almacén mucho más grande. En los alrededores de la calle Toledo y en la calle Constitució, llamada entonces carretera de La Bordeta, se produjeron tiroteos y peleas frecuentes con el resultado de varios muertos, la mayoría obreros.

�֍ �֍ ✖

Calle de Còrsega

La vía

Tiene la calle Còrsega tres tramos bien definidos, uno de ellos, el tramo central que va desde la calle Bailèn hasta al paseo de Gràcia, forma el límite entre el Eixample de Cerdà y la antigua villa de Gràcia. En el lado mar de la calle se mantiene la típica estructura del barrio diseñado por aquel, y al lado montaña van a parar las estrechas calles de Gràcia. Los dos tramos que la continúan, a izquierda y derecha, son ya semejantes a los de cualquier otra calle de la retícula del Eixample. El tramo que se abre hacia el oeste de la ciudad va a terminar en la avenida Josep Tarradellas con la particularidad de que, a medio camino, la calle se rompe con el gran edificio de la Escola Industrial que le cierra el paso. Por el otro lado, en dirección este, Còrsega se alarga hasta el paseo de Maragall, ya en el barrio del Clot en la zona conocida como Camp de l'Arpa. Còrsega, forma parte en el nomenclátor de las calles dedicadas a las posesiones del antiguo reino de Aragón que, entre 1297 y 1458, dominó sobre la isla de Córcega.

El edificio más notable en todo su trazado es sin duda la Escola Industrial, fundada en 1913 sobre un proyecto de Puig i Cadafalch para reformar la antigua Escola Lliure Provincial de Arts i Oficis, que dio como resultado la creación de la Escola Elemental del Treball, situada en la antigua fábrica textil Can Batlló. Fue inaugurada oficialmente el 29 de mayo de 1914, en una sesión solemne presidida por Enric Prat de la Riba, alcalde de Barcelona.

La anécdota

El día 5 de septiembre de 1919, justo en la esquina de la calle de Còrsega con Santa Tecla, fue asesinado a tiros el célebre comisario Manuel Bravo Portillo, uno de los protagonistas más destacados de la funesta época del pistolerismo barcelonés entre 1918 y 1923. Bravo Portillo fue designado por el capitán general de Catalunya Joaquín Milans del Bosch para dirigir la represión contra los sindicatos obreros. A partir de 1917, bajo el gobierno militar de Martínez Anido, creó y dirigió los Sindicatos Libres, organizaciones de pistoleros al servicio de la Federación Patronal con el objetivo de liquidar a sindicalistas y a los obreros anarquistas más significados. Durante su etapa de funcionario policial, Bravo Portillo realizaba igualmente trabajos de espionaje a sueldo de Alemania valiéndose de una amplia red de policías, prostitutas y confidentes. Su contacto con los servicios secretos del Kaiser era el barón de Rolland que, según todos los indicios, ordenó a Bravo Portillo asesinar al empresario Josep Albert Barret Moner. Sus actividades de espionaje y sus implicaciones en el asesinato de Barret fueron denunciados en el diario *Solidad Obrera* –órgano de la CNT– por un artículo de Ángel Pestaña que no pudo ser desmentido. Detenido y encarcelado por espionaje y asesinato, Bravo Portillo fue expulsado de la policía y fue a parar a la cárcel pero después de morir en su celda uno de sus colaboradores, que debía declarar contra él, fue puesto en libertad en medio de un gran escándalo. Continuó entonces con su labor al frente de los Sindicatos Libres y tras inducir al asesinato del sindicalista Pau Sabater, los pistoleros de la CNT acabaron con su vida el 5 de septiembre de 1919.

✖ ✖ ✖

Calle de la Creu Coberta

La vía

De antiguo era casi obligado erigir una cruz de piedra a la salida –o entrada– de las poblaciones, marcando el fin del casco urbano y al mismo tiempo como lugar de oración para caminantes. Es pues seguro que en algún lugar cercano a la plaza de Espanya estuviera erigida una de estas cruces. Lo que ahora es la calle Creu Coberta y su continuación, la carretera de Sants y la carretera de Collblanc, una vez internada en l'Hospitalet, eran el antiguo Camino de Madrid y así se llamó la calle durante unos años, como también Camino Real, Camino Antiguo de la Cruz Cubierta, Camino del Portal de San Antonio y Camino Antiguo de San Antonio. La cruz cubierta a la que hace mención el nombre existía ya en el siglo xv y al parecer era el lugar donde se ahorcaba a los reos y se les dejaba colgados para el escarnio público. Consta que en 1573 fue reformada por hallarse en mal estado y que en 1823 se volvió a derribar para colocar una nueva traída desde el cementerio de Santa Maria del Pi. Desde la plaza de Espanya, el límite de la ciudad, lo que ahora es la avenida del Paral·lel, se construyó alrededor del antiguo camino la barriada obrera de Hostafranchs y la carretera comunicaba con el cercano pueblo de Sants, agregado a Barcelona en 1897. Hoy en día es una calle eminentemente comercial y hacia su arranque existió un hostal donde los viajeros podían pernoctar si llegaban a Barcelona cuando ya las puertas de la muralla estaban cerradas. De ahí el nombre de hostal *de franc* (gratuito) transformado en Hostafranchs. En 1929 el antiguo hostal se transformó en un cine, el Arenas, que mal que bien, sobrevivió hasta los años ochenta.

La anécdota

A propósito de la horca existente junto a la Creu Coberta, una antigua leyenda afirma que era costumbre entre los viajeros rezar una oración por el alma de los pobres desgraciados que solían colgar de ella. Se dice que, allá por el siglo xv, un caballero que había tenido unas palabras con otro y se habían desafiado, pasó ante un ahorcado camino del lugar donde debía enfrentarse a su enemigo. A pesar del difícil momento, el caballero no desdeñó arrodillarse y rezar una oración por el difunto ajusticiado. Al echar a andar hacia el lugar donde debía tener lugar el duelo, se encontró con un desconocido, envuelto en sombras que le pidió le prestara su capa, su sombrero y su caballo pues era muy importante. El caballero se resistió en un buen principio pero ante las súplicas del misterioso hombre, cedió finalmente prometiéndole el otro que se lo devolvería todo. El misterioso personaje, vestido como el caballero, se dirigió hacia donde el otro duelista, tramposo, esperaba escondido al caballero para asesinarle por sorpresa. El caballero oyó ruido de lucha y al poco volvió el hombre que le devolvió sus ropas y su caballo y le dijo: «Yo soy el condenado al que has rezado una oración y por ese gesto he querido evitarte la muerte a manos de un traidor; toma tu ropa y vuelve a colgarme, por favor, donde estaba.» Dicen que dicho esto, el ahorcado cayó al suelo, muerto de nuevo, y el caballero volvió a colgarlo en su sitio tal y como su salvador le había pedido.

✖ ✖ ✖

Avenida Diagonal

La vía

La avenida Diagonal de Barcelona es una de las más importantes, si no la más importante, de Barcelona con una longitud de algo más de diez kilómetros y medio y que cruza la ciudad en una línea oblicua que corta en dos la ciudad atravesando el Eixample de Cerdà de este a oeste. Curiosamente es una vía escasamente considerada como útil para el tráfico urbano, con estrechas aceras laterales, dos carriles también laterales, dos paseos, en su tramo central y una calzada central con intenso tráfico. Alrededor de ella, y en un sentido y otro de la numeración se ha ido desarrollando la ciudad desde su trazado en 1865. En el extremo oriental se encuentra el complejo Diagonal-Mar y en el occidental las salidas por carretera y autopista hacia Lleida y Madrid. La abundancia de edificios históricos y artísticos hace de esta vía una de las más interesantes de la ciudad, como la Casa de les Punxes en el cruce con la calle Roger de Llúria o el Palacio Quadres donde estuvo el Museo de la Música hasta el año 2001. Gran parte de la Diagonal es una zona eminentemente comercial aunque sus extremos adquieren características absolutamente diferentes, el de diagonal Mar con sus nuevos y altísimos hoteles y el complejo del Fòrum y el de la salida de poniente con los diversos edificios universitarios, el Palau Real de Pedralbes o el Club de Polo.

El nombre de esta importantísima vía ha pasado por diversos avatares y etapas, tantos como la historia de la ciudad. Pensada y trazada como una Gran Via diagonal, fue bautizada así en 1865, aunque en 1874 se rebautizó su tramo central como Agustín Argüelles –político liberal y gran hombre, pero totalmente extraño a Barcelona– lo que se extendió a toda la vía en 1991. Durante un escaso periodo en 1922 se llamó avenida Nacionalidad Catalana, volvió a llamarse Argüelles por obra y gracia de la dictadura de Primo de Rivera y avenida de Alfonso XIII en 1925. Lógicamente, al llegar la República, en abril de 1931, se la llamó 14 de Abril y con la llegada de la dictadura de Francisco Franco se la llamó avenida del Generalísimo. En honor a la verdad, los barceloneses la han conocido siempre como «la Diagonal» y finalmente, en 1979, se hizo oficial el nombre, avenida Diagonal.

La anécdota

El anecdotario de la avenida Diagonal da para un libro entero, desde sus primeras construcciones alrededor del paseo de Gràcia hasta la entrada de «los nacionales» en enero de 1939. Los edificios singulares que la jalonan encierran mil y una historias, edificios con

El monolito, que ha sido rebautizado oficialmente en muchas ocasiones y es conocido popularmente como «el lápiz», fue durante muchos años símbolo de la Víctoria franquista.

nombre y con firma, como el Edifico Atalaya, obra de Federico Correo, premio FAD de 1971. Se hace difícil encontrar una historia que identifique a una vía tan larga y variopinta donde ha sucedido de todo. Así pues, tomemos un ejemplo interesante por su proximidad. El 7 de abril de 2008, un jurado popular declaraba culpable de asesinato a Carmen Badía, una mujer de 48 años, en la persona de la psicóloga barcelonesa Anna Permanyer y el Tribunal la condenaba a 24 años de cárcel. Con Carmen Badía resultó condenado también su cómplice, Joan Sesplugues, de 81 años, y absuelta una tercera persona, Anabel T.P. El crimen, cometido en el Edificio Atalaya en la avenida Diagonal, había tenido lugar cuatro años antes en el apartamento propiedad de Anna Permanyer en el que Carmen Badía vivía en régimen de alquiler. El tribunal dio por buena la tesis policial de que la acusada golpeó a la psicóloga y envolvió después su cabeza con tres bolsas de plástico, para asfixiarla, con el único fin de apoderarse del piso en el que vivía. La historia, digna de la más negra de las crónicas, declaraba probado que Badía y Sesplugues extorsionaron a la psicóloga para firmar un contrato de arras por el apartamento y posteriormente la asesinaron en un ejercicio de crueldad inusitada, con alevosía y enseñamiento como señalaba la sentencia. Asimismo, la sentencia consideraba acreditada la presencia de Sesplugues y Badía en el momento del crimen, ya que fue la condenada, inquilina del piso de Permanyer, la que la citó en la Torre Atalaya el 27 de septiembre de 2004, día de su desaparición. El cadáver, en avanzado estado de descomposición, había aparecido un mes después de la desaparición de Anna Permanyer en un descampado cercano a la localidad de Sitges.

✹ ✹ ✹

Plaza del Diamant

La vía
La plaza del Diamant forma parte de un grupo de calles que durante mucho tiempo fue conocido en Gràcia como el «barri del joier»

(el barrio del joyero) pues cuando se urbanizó la zona, a finales del siglo XIX, se creó la plaza del Diamant y también las calles Topazi, Or, Perla, Rubí y Maragda en honor al joyero barcelonés Josep Rosell i Imbert que era propietario de los terrenos. La plaza del Diamant es una de las bellas plazas del barrio, de estructura cuadrada, y rodeada por las calles Torrent de l'Olla y Verdi, dos de las más conocidas y vivas de la antigua villa. Tras las sucesivas remodelaciones, hoy en día responde al modelo de «plaza dura», asfaltada, sin concesiones a la ecología. Si algo ha hecho famosa a la plaza ha sido sin duda la novela de Mercè Rodoreda que lleva su nombre, tanto es así que el punto más destacado de este rincón no podía ser otro que el monumento dedicado a la protagonista, La Colometa, obra del escultor Xavier Medina, un bronce de 2,30 metros, instalado en 1984.

Tal y como la novela de Rodoreda destacaba, la plaza del Diamant ha sido durante muchos años una de las más importantes en la Fiesta Mayor del barrio. Su estructura y su tamaño la convertían en el espacio ideal para el baile de sardanas, los tenderetes y los entoldados donde se bailaba durante las noches de agosto. Más allá de la novela, la película de Francesc Betriu puso imagen a un libro que describía deliciosamente a la plaza y al barrio de Gràcia. La actriz Sílvia Munt puso cara a La Colometa, un personaje que forma parte ya de la historia el barrio.

La anécdota

En 1992, unas obras para mejorar la plaza pusieron al descubierto algo ya olvidado por los habitantes del barrio: un refugio antiaéreo. Nadie parecía ya recordar que entre 1937 y 1939 Barcelona sufrió terribles bombardeos de la aviación rebelde, y que se construyeron unos mil trescientos refugios para la protección de la población, noventa de ellos en Gràcia. En 2006, tras los trabajos de recuperación y adecuación, se abrió al público el refugio a unos doce metros de profundidad y más de 250 metros de largo, situado justo debajo de la plaza del Diamant y uno de los mejor conservados de los que existieron en Gràcia durante la Guerra Civil.

El refugio de la guerra civil de la plaza del Diamant se puede visitar en la actualidad.

En el refugio, con capacidad para unas 200 personas, permanecen intactos los bancos de piedra para esperar a que se fueran los bombarderos, la enfermería y las marcas de humo de las velas. En plena revolución social, el refugio fue construido en poco más de un año por los mismos vecinos utilizando la técnica de la bóveda catalana, con paredes de ladrillo y para conectarlo con otros refugios del barrio. Testigos presenciales, ya octogenarios, recuerdan que los vecinos encargados de la construcción se reunían en el altillo del cercano cine Verdi para diseñar las obras. Tras la Guerra Civil, el refugio cayó en el olvido hasta 1992, a raíz de la construcción de una subestación eléctrica.

Calle del Dos de Maig

La vía

Al igual que las calles Independència, Girona o Bruc, la calle del Dos de Maig está dedicada a las gestas de la «guerra del Francés», en concreto al alzamiento del pueblo de Madrid contra el ejército ocupante el 2 de mayo de 1808. Número 45 en el Pla Cerdà, el nombre le fue impuesto como a la mayor parte de calles de la zona, en 1900 cuando se inició la urbanización del sector norte de la ciudad, recién asimilados los municipios de los alrededores.

Su arranque está en la plaza de las Glòries, la plaza más grande de la ciudad, y nudo de comunicaciones, y se alarga hasta encontrarse con el Hospital de Sant Pau. En el transcurso de los años, la calle Dos de Maig ha ido perdiendo sus edificios antiguos, los construidos a principios de siglo cuando su apertura, y en su mayor parte solo tiene inmuebles más recientes, como mucho de finales de los años cincuenta. Las excepciones son pocas, algún que otro edificio como el que ostenta el número 298 o el 393 y 395. En su trazado existen no obstante algunos lugares destacados por una u otra razón. Entre las calles València y Enamorats se levanta un gran bloque de viviendas en cuyos bajos se abre el centro comercial conocido como Encants Nous (Encantes Nuevos) para diferenciarlo del cercano mercado de Bellcaire, o Encantes Viejos. Este centro comercial, que data de principios de los años treinta, se estableció primero en los terrenos del antiguo Club de Fútbol Martinenc y posteriormente, cuando se edificó el bloque de viviendas, pasó a ocupar los bajos a cubierto, con unas 110 tiendas formando una de las primeras galerías comerciales cubiertas de España. Un poco más abajo, en la misma acera dirección mar, se abren varias tiendas de antigüedades relacionadas con los Encants y un pequeño y auténtico bar-bodega donde se puede degustar, sin temor a errores, la mejor cerveza de barril de Barcelona.

Hablando de cerveza, más arriba, en el cruce con la calle del Rosselló, se levanta uno de los edificios más antiguos de la calle, la primitiva fábrica de cervezas Damm, inaugurada en 1905, y algo más arriba el antiguo Hospital de la Cruz Roja, un edificio de principios de siglo, hoy en día centro asistencial del Servei Català de la Salut.

La anécdota

El arranque de la calle Dos de Maig, en la plaza de las Glòries, es un lugar peculiar. No es posible la circulación de vehículos más que los martes, jueves y domingos porque los lunes, miércoles, viernes y sábados, la calzada y los alrededores están ocupados por uno de los mercados al aire libre más antiguos de Europa, el Mercat Fira de Bellcaire, conocido popularmente como Encants Vells (Encantes Viejos). Se data su origen en el siglo XIV aunque no siempre en la misma ubicación, claro está. El doble nombre se debe a la fusión de dos mercados, la Fira de Bellcaire con els Encants vells nacido a principios de siglo cuando se trasladaron desde la avenida Mistral. Los Encants forman un caótico universo en el que todo se compra y se vende en 15.000 metros cuadrados de superficie que acogen a más de 100.000 visitantes por semana y más de medio centenar de paradas. La clientela es heterogénea, como la mercancía, desde gente del barrio que lo visita a diario a turistas de todo el mundo, y sumergirse entre sus cachivaches, algunas veces verdaderas maravillas a precio de saldo, es toda una aventura. Sobre las cinco de la mañana se inicia la jornada con la entrada de los camiones y furgones cargados de objetos de todas clases, el montaje de las paradas y la subasta de las mercancías que da comienzo a las siete. Hora y media después, más o menos, se abre al público que en-

Los Encants Vells está considerado uno de los mercados más antiguos de Europa.

seguida se empieza a notar, en especial los viernes y sábados cuando el mercado se abre en todo su esplendor, un ambiente que lleva a los usuarios quinientos años atrás en el tiempo mientras se oyen los gritos de: «¡bueno, bonito, barato!», «¡un euro, un euro, un euro!».

✖ ✖ ✖

Calle de las Egipcíaques

La vía

Entre las calles del Carme y del Hospital discurre la calle Egipcíaques cuyo lado derecho, según se viene del mar, es el muro del antiguo Hospital de la Santa Creu. Es una calle corta y tranquila del más puro sabor medieval y hasta 1570 fue conocida como la calle de La Galera debido a que allí existía una prisión de mujeres con ese nombre. Uno y otro nombre, La Galera y las Egipcíaques, comparten su origen en el edificio más importante de la calle, salvando el Hospital, y que queda justo enfrente, en el lado izquierdo de la calle. En 1579, tras el derribo de la prisión, se construyó el actual edificio que fue ocupado por una orden religiosa un tanto atípica, las Egipcíaques, que tomaron su nombre de una santa venerada por la Iglesia Católica, María de Egipto, o María Egipciaca que vivió en el siglo v. La tal María, cuenta la leyenda, llevaba una vida que podríamos decir disipada y se apuntó, como quien se apunta a una romería, para ir de peregrinación a Jerusalén con la intención de tomarse unas vacaciones de diversión y desmadre. Siguiendo la estela de Sant Pau, vio la luz al llegar ante el sepulcro de Jesucristo y se recluyó en el desierto para purgar sus pecados. En el número 15 de esta calle se ubica ahora la delegación del CSIC, el Centro Superior de Investigaciones Científicas –que tiene su entrada por la calle Hospital– y en un inmueble muy cercano y modesto, se gestaron los movimientos anarquistas barceloneses de principios del siglo xx con reuniones entre Maurín, Salvador Seguí y Andreu Nin que prepararon la insurrección de 1917.

Escultura de sant Pau en una fornícula
emplazada en la calle de las Egipcíaques.

La anécdota

A una cierta distancia de la calle Egipcíaques, en la esquina de la calle dels Mirallers y el de Vigatans, existía uno de los más famosos burdeles de la Barcelona antigua, con una figura de piedra en su fachada que indicaba dónde estaba el lupanar a los usuarios. El edificio ya ha sido derribado, pero la efigie en piedra fue recuperada y colocada de nuevo en la esquina donde estaba. Una de las historias más truculentas, o divertidas según se mire, es la que protagonizaron un día del Corpus las profesionales que vivían en el lugar y que observaban la procesión. Al parecer algunas de ellas se orinaron desde el balcón en los feligreses que desfilaban en procesión con el consiguiente escándalo y las autoridades adoptaron desde entonces la costumbre de encerrar a las meretrices durante las fiestas más señaladas en el convento de las Egipcíaques, lo que parecía muy apropiado dado el origen de su santa fundadora. Durante la estancia de las profesionales del sexo en el convento, las profesionales de la oración –las monjas– intentaban convencerlas para que dejaran su oficio y abrazaran el celibato una vez pasadas por la promiscuidad, como hizo Santa Maria Egipciaca. Mientras tanto y para que no echaran en falta sus ingresos, las prostitutas recibían un sueldo diario que salía del alquiler de unos molinos públicos cercanos, en la calle Balsas de San Pedro o Basses de Sant Pere.

Cuenta la leyenda que finalmente se estableció una especie de colaboración entre el convento y la profesión del sexo de manera que parte de los ingresos de tan noble y denostado oficio iba a parar a obras de caridad administradas por las monjas.

✖ ✖ ✖

Calle de Entença

La vía

Aún ahora, aunque por poco tiempo, decir Entença en Barcelona quiere decir cárcel Modelo. Esa construcción, al fin y al cabo un servicio público, es lo que ha dado personalidad a una calle más del Eixample que en el Pla Cerdà era solo la número 15. En 1900 recibió el nombre de Berenguer de Entença y de Montcada, muerto en Nestos, Grecia, en 1307 y que era uno de los capitanes almogávares, aguerridos infantes de choque de las montañas de Cataluña y Aragón, al servicio del rey de Aragón. En su parte baja es una típica calle del Eixample que nace en el Paral·lel, frente al Poble Sec y va a terminar en la Diagonal, después de torcer su rectitud y se convierte allí en calle del Doctor Fleming. La ampliación de la Diagonal y las remodelaciones de Sarrià, Les Corts y Sants fueron las culpables de que Entença perdiera la línea recta, para poder adaptarse a los nuevos barrios. El edificio más notable de la calle, por el que se la conoce, más que por el prohombre que le da nombre, es sin duda la cárcel Modelo. La primera piedra fue colocada el 3 de junio de 1888 dentro de la fiebre constructora y renovadora de la Barcelona de la Exposición Universal. Se terminó de construir en 1904 y en 1908 ya estaba en funcionamiento. Entre 1908 y 1974, en la Modelo se dio muerte por garrote vil a 43 reos y desde allí salieron para otros lugares, donde fueron fusilados, unos 2.000 hasta 1975. Entre 1939 y 1955 se registraron 1.618 fusilamientos y en abril de 1931, julio de 1936 y enero de 1939, la cárcel quedó totalmente vacía de presos, durante horas o pocos días. El edificio, sin apenas remodelaciones, está previsto que sea abandonado en breve (verano 2008) y las instalaciones bien convertidas en museo o simplemente derribadas.

La anécdota

Durante los años del franquismo, la cárcel Modelo de Barcelona fue el símbolo de la represión pues para la ciudad era el centro donde habían ido a parar los republicanos represaliados,

La cárcel Modelo fue un símbolo de la represión franquista.

los disidentes políticos y todo desafecto al régimen, al margen de que hubiera también delincuentes comunes. Por ella pasaron, por ejemplo, Jordi Pujol, Manuel Vázquez Montalbán, Antonio Gutiérrez Díaz, Josep Solé Barberà, Josep Lluís Carod Rovira, Josep Maria Huertas Clavería y una lista de políticos, intelectuales y luchadores antifranquistas que se haría interminable. Sin embargo, una de las imágenes que daría la vuelta al mundo y haría famosa a la cárcel Modelo de Barcelona sería la de un hombre solo, un sacerdote seguidor del Mahatma Gandhi, un hombre que, después de pasar en dos ocasiones por la prisión a causa de sus convicciones políticas democráticas, decidió reclamar una amnistía para los encarcelados por delitos políticos al estilo del maestro que consiguió la independencia de la India. Durante un año y ocho meses, entre 1975 y 1977, Lluís Maria Xirinachs permaneció en pie, durante doce horas diarias ante la puerta de la prisión, en la calle de Entença, para reclamar de forma pacífica una amnistía que pusiera en la calle a los presos políticos. Las fotografías de la Policía Nacional post-franquista golpeándole con sus porras en el suelo dieron la vuelta al mundo y su alta y delgada figura, un Quijote de nuestro tiempo, se erigió en símbolo de lucha por las libertades al margen de sus posturas políticas o de su personalidad peculiar. Finalmente, la Ley de Amnistía se promulgó y los últimos presos políticos abandonaron las cárceles y Lluís Maria Xirinacs, fallecido en agosto de 2007, tuvo algo que ver en ello ante la vetusta puerta de madera de la cárcel.

✖ ✖ ✖

Calle de Flassaders

La vía

Como muchas otras calles y callejas de la vieja Barcelona, la calle de Flassaders, en el barrio de la Ribera, toma su nombre de los menestrales fabricantes de mantas (flassades) que, desde 1331, se agruparon para fundar un gremio y reglamentar su oficio. En 1865 el nomenclátor de Barcelona recogió el nombre de la calle que anteriormente se había llamado de Bonanat Sabater, arquitecto o constructor medieval perteneciente a una destacada familia barcelonesa. En la calle de Flassaders, unos ciento cincuenta metros de estrecha vía entre la calle Princesa y el paseo del Born, ya no hay fabricantes de mantas pero sí un floreciente comercio entre el diseño avanzado y el turismo, siguiendo la tónica de un barrio que, hasta 1971 fue el centro comercial de alimentación de Barcelona, alrededor del mercado de frutas y verduras, el Born, convertido hoy en centro cultural y arqueológico. La calle fue eminentemente comercial durante toda su existencia y tras la guerra se abrieron primero algunas carpinterías y luego un variopinto mundo comercial en el que se podía encontrar de todo, desde carbón hasta fondas para los transeúntes. .

Desde el año del cierre hasta la resurrección de los noventa, el barrio fue languideciendo y con él la calle de Flassaders que llegó a ser un callejón oscuro y con un comercio o dos abiertos contra viento y marea. Hoy es un emporio de ofertas exóticas y de alto nivel muestra del diseño más avanzado pero que aún conserva algunos letreros de su pasada grandeza.

La anécdota

La manzana de casas flanqueada por las calles Flassaders, la calle de las Moscas, Cirera y Seca tuvo desde del siglo XIV la conocida como Seca, o Ceca, casa de acuñación de la moneda de la que hoy solo quedan los viejos edificios. Su primera fachada estuvo en la calle de la Seca, pero la entrada principal, coronada por el escudo de los Borbones colocado en tiempos de la reina Isabel II, está en la calle Flassaders. Esta casa de la moneda, debe su nombre al vocablo árabe *sekka* que significa moneda y en ella se acuñaron monedas catalanas, españolas y francesas desde 1441 hasta 1849. Según documentación que data del siglo XV, en esta seca se utilizaba para la acuñación la técnica del martillo que consiste en acuñar moneda a moneda golpeando la pieza con un martillo grabado con la cara de la moneda, sobre un yunque grabado con la cruz. El documento mencionado dice que dicho taller existía allí «desde tiempo inmemorial». A principios del siglo XVII, el maestro de la seca reclamó que se implantara la nueva técnica del molinete para la fabricación de moneda y consiguió que en 1610 el Consell de Cent le pagara el viaje a Castilla para traerse un maestro conocedor de dicho sistema que consistía en una rueda de molino grabada que se hacía girar sobre una plancha del metal que debía ser grabado.

Entre el 1642 y 1648, se acuñaron las monedas catalanas tras la rebelión de «els segadors» y el edificio se amplió notablemente con la compra de nuevas casas y su posterior adaptación, instalándose molinos que trabajaban por tracción animal. El cambio de circunstancias políticas hizo decaer de nuevo la acuñación de moneda pero se mantuvo una cierta actividad hasta que en 1717, el rey Felipe V prohibió la acuñación de moneda en Catalunya tras la Guerra de Sucesión. Desde ese año hasta su clausura definitiva en 1868, la Seca continuó trabajando aunque de modo intermitente.

✖ ✖ ✖

Calle de Fontanella

La vía

Entre la plaza de Catalunya y la de Urquinaona, discurre una de las calles más cortas y más transitadas del centro de Barcelona. Se trata de la calle Fontanella, una ancha vía dominada en su arranque en plaza de Catalunya por dos grandes edificios, el de El Corte Ingles y el de la compañía Telefónica y que además de una calle con intenso tráfico, se ha constituido como una interesante calle comercial en la que destacada la emblemática

Casa de la Estilográfica, todo un hito en el comercio barcelonés, fundada en plena Guerra Civil, en 1938. La calle Fontanella, trazada tras el derribo de las murallas en 1865, está dedicada a Joan Pere Fontanella, conseller en cap de la Generalitat de Catalunya entre 1640 y 1641, en plena Guerra dels Segadors. Resulta curioso que los vencedores de la Guerra Civil no retiraran el nombre de un político como Fontanella que apoyó, nada menos, que la proclamación de la República Catalana en 1641 y la unión con Francia con ánimo de romper con el reino de España. Fontanella está cortada en su lado mar por dos interesantes calles, Estruc (o Estruch) y Les Moles. La calle Estruc, estrecha y corta, tiene una interesante historia que se remonta al siglo XIV con el nombre de Astruc, al parecer un nombre corriente en el barrio judío del Call. Les Moles se había llamado anteriormente Sarrerna y Sarrià, pero en 1900 se le atribuyó el nombre de Les Moles pues antiguamente en ese lugar se habían establecido los constructores de muelas para los molinos.

La anécdota

Quién habría de decir que en el edificio de la moderna y actual Telefónica se produjo uno de los hechos más importantes de la historia de Barcelona del pasado siglo. Entre los días 4 y 8 de mayo de 1937 se produjeron en toda Barcelona una serie de enfrentamientos armados entre el gobierno de la Generalitat, apoyado por el PSUC (Partit Socialista Unificat de Catalunya) y la CNT-FAI, punta de lanza del anarquismo sindicalista y revolucionario. El centro del enfrentamiento fue precisamente el edificio de la Compañía Telefónica que era entonces la central de comunicaciones de la ciudad en manos de sus trabajadores, afiliados a la CNT, desde el 19 de julio. En la madrugada del día 4 de mayo, los guardias de asalto mandados por el Comisario de Orden Público Rodríguez Salas siguiendo órdenes de Artemi Aiguadé, conseller de la Generalitat y miembro de Esquerra Republicana. En un primer momento, el asalto quedó en tablas por la fuerte resistencia de los empleados armados y las luchas se extendieron a toda la ciudad. La Generalitat argumentó que la CNT-FAI controlaba desde el edificio de la calle Fontanella todas las comunicaciones entorpeciendo el trabajo de la Generalitat y la marcha de la guerra contra los sublevados. Por su parte, los sectores más revolucionarios de la CNT y la FAI vieron en aquella acción un intento de acabar con la revolución que había transformado en pocos meses la sociedad catalana. El edificio de la Telefónica, finalmente en manos de la Generalitat, quedó seriamente dañado y las huellas de los disparos en su fachada la adornaron hasta bien entrada la década de los setenta.

Plaza del Fossar de les Moreres

La vía

En uno de los laterales de la iglesia de Santa Maria del Mar, se encuentra una de las más significativas plazas de la Barcelona antigua, un espacio con claras connotaciones políticas y que, al margen de ellas, posee un evidente encanto arquitectónico. Es la llamada Fossar de les Moreres, o Fosa de las Moreras, que se corresponde con uno de los antiguos cementerios anexos a la iglesia, pues el otro, que se encontraba delante de la puerta principal, era el fossar major. La plaza fue abierta y urbanizada en 1821 siguiendo las recomendaciones del reinado de Carlos III en el sentido de retirar de las ciudades los viejos cementerios en aras de la salubridad pública. En 1865 fue reconocida en el nuevo nomenclátor de Barcelona pero no fue hasta 1915, en plena Reinaxença cultural catalana, cuando se reconoció con una lápida que en ella habían recibido sepultura la mayoría de los caídos durante el asedio de la ciudad en 1714 en el marco de la guerra de Sucesión. El lugar ha ido adquiriendo poco a poco la categoría de icono del nacionalismo catalán y en el lado que da a la iglesia se erigió en 2001 un pebetero de doce metros de altura, obra de los arquitectos Albert y David Vilaplana, que arde permanentemente en memoria de los que murieron defendiendo la ciudad para el pretendiente Carlos de Austria.

La anécdota

Un fragmento del poema con el que el romanticismo de Pitarra
vio aquella célebre lucha:

Al fossar de les moreres
no s'hi enterra cap traïdor;
fins perdent nostres banderes
serà l'urna de l'honor.
Així mestre Jordi, un dia
cavant, deia en lo fossar,
quan Barcelona sentia
que l'anaven a esfondrar.
La batien bronze i ferro
dels canons de Felip Quint.
Ell los mata i jo els enterro –
lo fosser deia, enfondint.

Quin vellet lo fosser Jordi!
Jo l'havia conegut;
no hi ha pas qui se'n recordi
que no el plori condolgut.
Havia passat la vida
mirant la mort fit a fit,
i era una ànima entendrida;
no l'havia això endurit.

Era vell: mes ningú ho veia
veient-lo al fossar, cavant;
aquell pit que tot és teia
quan és sec no aguanta tant.
Son dol no el feia commoure,
i, l'aliè, el veia patint;
era un cor dur com un roure
que sentia com un nin.

Sempre al fossar anava
a cavar amb un nét seu;
si ell lo seu magall portava,
– Jo – el nin deia – porto el meu! –
I cavant ambdós alhora,
i fent fosses al fossar,
sempre dels morts a la vora
se'ls sentia mormolar:
– Al fossar de les moreres
no s'hi enterra cap traïdor;
fins perdent nostres banderes
serà l'urna de l'honor.

Molts jorns feia que, sitiada
la ciutat pels de Verwick,
amb l'ànima trasbalsada
lo vell cavava amb fatic.
Los fossars de Barcelona
s'omplien de gom a gom.
Pel tros d'or d'una corona
si se'n gastava de plom!

Mestre Jordi, que això veia,
cavant deia en al seu nét:
– Felip Quint que tan se'n reia
vet aquí què n'haurà tret:
rius de sang i un munt de ruïnes
per pujar al trono reial.
Ni essent d'or i pedres fines,
val res un ceptre que tant val?

✄ ✄ ✄

Avenida de Francesc Cambó

La vía

Francesc Cambó fue sin duda uno de los políticos conservadores más destacados de principios del siglo XX y no solo en Catalunya. Nacido en la localidad de Verges, en 1876, fue uno de los más significados miembros de la Liga Regionalista creada por Domènech i Montaner y otros políticos en 1901. Junto a personalidades como Prat de la Riba, logró crear la Mancomunitat de Catalunya en 1914, el primer organismo administrativo que reconocía a Catalunya como entidad política desde la guerra de Sucesión de 1714. Cambó fue concejal del Ajuntament de Barcelona en 1901 y diputado a las Cortes en 1933 y sobre todo un gran impulsor de la cultura catalana, una dedicación que trascendió más allá de su actividad política. Quizá por eso, en 1972, el Ajuntament de Barcelona dividió en dos la avenida de la Catedral para dar el nombre de Cambó al tramo que va desde la Vía Laietana hasta el interior del barrio de la Ribera, en la calle del General Álvarez de Castro que es donde finaliza. En el corto trazado de la avenida destacan dos edificios; en el último tramo, en el barrio de la Ribera, el mercado de Santa Caterina, reformado por Enric Miralles y convertido en uno de los más modernos y espectaculares de la ciudad y en la esquina de la avenida con la Vía Laietana la sede del Fomento del Trabajo, la patronal catalana, que ocupa la antigua mansión en que residió Francesc Cambó hasta 1936.

La anécdota

A primera hora de la tarde del 19 de julio de 1936, la vivienda de Francesc Cambó, en el cruce de Vía Laietana con la avenida que hoy lleva su nombre, fue asaltada por un grupo armado de la CNT. Esta acción marcó el cambio que sufrió Barcelona a raíz del intento de golpe de Estado de los generales, porque en el edificio estaba instalada la organización Fomento del Trabajo, la organización patronal enfrentada a los sindicatos obreros. Cambó, su familia y sus empleados habían huido en las primeras horas del alzamiento, como hizo gran parte de la patronal catalana, ante el temor de la reacción popular y, como explica César Galiano en su obra *El día de Barcelona*, la única persona que encontraron en el edificio fue el portero, fiel a su trabajo, que recomendó a los sudorosos, armados y polvorientos milicianos, que no ensuciasen el ascensor. Galiano relata como los obreros, llegados de sus barrios periféricos a Barcelona, quedaron sorprendidos al contemplar la biblioteca de Cambó. Después de la primera entrada de milicianos, grupos de sindicalistas y obreros fueron llegando al local e instalándose en él. Un grupo de mujeres ocupó las cocinas de la mansión y empezaron a preparar comidas para los obreros que combatían en las calles contra los militares rebeldes. Cuenta Galiano que Federica Montseny, la dirigente anarquista que sería ministra de Educación, acudió poco después y se hizo cargo de la organización. El día siguiente, los dirigentes de la CNT declararon confiscado el edificio e instalaron en él la Casa CNT-FAI, centro del poder anarquista en Barcelona hasta el final de la Guerra Civil en que volvió a convertirse en Fomento del Trabajo.

❊ ❊ ❊

Calle de Girona

La vía

La calle de Girona tiene su arranque en la ronda de Sant Pere, en el cruce con Alí Bey, y finaliza su recorrido en la calle de Còrsega, frente al barrio de Gràcia. Forma parte del grupo de calles más cortas de l'Eixample, de mar a montaña, con Bailèn y Bruc, y junto con ellas recuerda algunas de las acciones militares de la «guerra del Francés» que es el nombre que se da en Catalunya a la «guerra de la independencia». El nombre de la calle fue propuesto por Víctor Balaguer en 1865 atendiendo a la «tres veces inmortal Girona» bastión contra las invasiones francesas, en especial contra la de 1808-1812. En el corto tramo que entra en el casco antiguo de la ciudad, sin solución de continuidad, recibe el nombre de Méndez Núñez, almirante de la flota española en las guerras en Perú. El modernismo arquitectónico está también presente en esta calle principalmente en dos edificios, la casa de Eduardo S. de Lamadrid en el número 113, primera obra del arquitecto Domènech i Montaner que data de 1902, y la casa Isabel Pomar, obra de Joan Rubió i Bellver, en la esquina de la calle Aragó, construida entre 1904 y 1906. A la altura del número 101 se abre una de las entradas al antiguo Mercat de la Concepció, inaugurado en 1888, obra del arquitecto Rovira i Trias, el mismo que diseñó la torre de la campana de Gràcia o el Mercat de Sant Antoni. El de la Concepció tiene la típica estructura de hierro con cobertura de obra vista y magníficas vidrieras de cerámica.

La anécdota

El 25 de septiembre de 1973 tuvo lugar un suceso importantísimo en la historia de la ciudad de Barcelona en la calle Girona, concretamente en el número 70, en la confluencia con Consell de Cent. Los acontecimientos, dramáticos, se desarrollaron en la portería del edificio, un pequeño espacio de 3'25 por 4'5 metros donde siete personas, cinco policías y dos presuntos miembros del grupo anarquista MIL (Movimiento Ibérico de Liberación) protagonizaron un tiroteo en el que resultó muerto el subinspector Francisco Anguas Barragán. Aquella tarde, la policía había montado un operativo con la intención de detener a Francesc Xavier Garriga Paituví, uno de los más destacados miembros del MIL, pero a la cita-trampa se presentó también Salvador Puig Antich. Los dos miembros del MIL iban armados, pero la detención se produce con rapidez, nada más aparecer ambos en escena. En un confuso desarrollo de los hechos, los policías neutralizan a Garriga y golpean a Puig Antich en un forcejeo que pasa de la calle al interior del mencionado número 70 de la calle Girona donde se produce el tiroteo. Puig Antich dispara un arma pero no se llegó a establecer cuántos disparos hizo ni si fueron sus balas las que acabaron con la vida del subinspector Anguas. Puig Antich resulta con una fuerte conmoción cerebral y con dos heridas de bala. El juicio posterior en el que Puig Antich fue condenado a muerte, no aclaró las circunstancias de la muerte del subinspector a falta de dos detalles cruciales: los informes periciales que afirmaran sin lugar a dudas que los cinco disparos, o más, que recibió provenían de la misma arma y la declaración de los médicos que hicieron la autopsia de la víctima que no fueron llamados como testigos en el juicio. En medio de un mar de irregularidades, Salvador Puig Antich fue condenado y ejecutado en garrote vil el 2 de marzo de 1974.

✖ ✖ ✖

Plaza de Goya

La vía

El pintor Francisco de Goya y Lucientes tiene dedicadas en Barcelona dos vías, muy discretas todo hay que decirlo, una de ellas como una corta calle peatonal en Gràcia y otra una plaza triangular en pleno centro, rodeada por las calles Muntaner y Sepúlveda y la ronda de Sant Antoni. El nombre de Goya se le adjudicó en 1928 pero el anterior, plaza de Sepúlveda, se ha mantenido entre la gente que, en definitiva, es quien da nombre a las calles. Llevó anteriormente el nombre de Pearson, el financiero norteamericano Frederick Stark Pearson, muerto en 1915 en el hundimiento del vapor Lusitania a causa de un torpedo alemán. Pearson, creador de la empresa eléctrica La Canadiense –progenitora de la actual FECSA y protagonista de una de las huelgas más duras y violentas de la historia de la ciudad– recibió tras su muerte el honor de darle su nombre a una gran avenida en el barrio de Les Corts, símbolo hoy en día de la más robusta burguesía barcelonesa. Goya, sin embargo, uno de los más destacados pintores de todos los tiempos, se conforma con una placeta las más de las veces ocupadas por indigentes en sus bancos o por cientos de palomas. En el centro de la plaza se encuentra lo único destacable del entorno y que es un monumento dedicado a Francesc Layret, político republicano, federalista y abogado laboralista, una especialidad que le costó la vida. El monumento, obra de Frederic

Marés, fue inaugurado en 1936, desmontado en 1939 por los vencedores de la Guerra Civil y reinstalado en el mismo lugar el 27 de mayo de 1977.

La anécdota

El 30 de noviembre de 1920 varios pistoleros del llamado Sindicato Libre, o lo que es lo mismo, los asesinos profesionales de la patronal catalana, mataron a tiros a Francesc Layret a la salida de su casa en el número 26 de la calle Balmes. Eran tiempos violentos en los que el gobernador civil de Barcelona, el general Martínez Anido, aliado con el Sindicato Libre, había desatado una violenta represión contra los obreros y en especial contra el sindicato anarquista, la CNT. Layret salía de su casa esa mañana para prestar asistencia jurídica a varios anarquistas detenidos, entre ellos su íntimo amigo Salvador Seguí, cuando dos o tres hombres salieron a su encuentro y uno de ellos descargó sobre él varios tiros de revólver. Los asesinos, protegidos por el Gobierno Civil, nunca fueron identificados ni detenidos. En la muerte de Layret se dieron dos paradojas de la vida que a veces resulta sorprendente. Una es que, años después, dos destacados pistoleros del Sindicato Libre, aseguraron que el autor de los disparos contra Layret fue Paulino Pallàs, hijo del anarquista del mismo nombre que el 6 de octubre de 1893 fue fusilado en Montjuïc acusado de un atentado fallido con bomba contra el general Martínez Campos. Al parecer, tras la muerte de Pallàs, el general se ocupó de cuidar de su viuda y su hijo; dio trabajo en su propia casa como cocinera a la mujer y se encargó de la educación de su hijo, Paulino, con tal celo que el joven acabó siendo un fiel defensor del general y de la monarquía y se afilió al Sindicato Libre para combatir a los viejos compañeros de su padre. Otro detalle curioso es que, como abogado, Frances Layret fue el defensor en los tribunales de los trabajadores huelguistas de La Canadiense de 1917, la misma empresa fundada por Pearson, el americano al que dedicaron la plaza donde hoy se encuentra el monumento a Layret. Por suerte, no han coincidido.

❊ ❊ ❊

Paseo de Gràcia

La vía

El paseo de Gràcia es sin duda la vía mes interesante de Barcelona desde el punto de vista artístico y comercial. En su trazado de poco más de tres kilómetros se encuentran algunas de las edificaciones modernistas más destacadas de Barcelona y al mismo tiempo muchos de los comercios más importantes de la ciudad con firmas de calidad famosas en todo el mundo.

El paseo arranca de la plaza de Catalunya hacia la sierra de Collserola hasta el lugar conocido como « Los Jardinets», en un último tramo del paseo, eminentemente peatonal, donde se une con la calle Gran de Gràcia, ya dentro de la antigua villa.

El origen del paseo se debe a un acuerdo del Ajuntament de Barcelona del año 1821 que decidió establecer una comunicaciónn con la villa de Gràcia por un espacio que hasta el momento no era más que una serie de torrenteras y caminos fangosos como el llamado De Jesús, que era el nombre que se dio a la vía al principio. Se iniciaron las obras el mismo año de 1821 dirigidas por el comandante del cuerpo de ingenieros del ejércido Ramón Llana, pero una epidemia de fiebres y un gobierno de Madrid poco dispuesto paralizó las obras hasta 1824, año en que el marqués de Campo Sagrado, Capitán General de Cataluña, las reanudó.

La obra fue de gran envergadura, con cinco carriles para la circulación rodada y seis hileras de árboles, que al paso de los años se vieron modificadas hasta presentar el aspecto actual. En 1825 se inauguró la iluminación de gas y después, con la aprobación del proyecto del Eixample de Cerdà se convirtió en la vía más importante de las que circulan entre mar y montaña.

El paseo se inauguró oficialmente en 1827 con 42 metros de anchura e inmediatamente la aristocracia barcelonesa empezó a edificar sus palacios a lo largo del resto del siglo XIX y principios del XX.

Gaudí, Domènech i Montaner, Puig i Cadafalch y Enric Sagnier, entre otros, fueron los arquitectos que hicieron del paseo de Gràcia una joya única en el mundo. Entre sus edificios destacan «La Pedrera», o Casa Milà, y la Casa Batllò, obras ambas de Gau-

El estilo modernista de Puig i Cadafalch, Gaudí o Domènech i Montaner se respira a lo largo de todo el paseo de Gràcia.

dí, la Casa Amatller de Puig i Cadafalch y la Casa Lleó Morera de Domènech i Montaner.

Hoy día se puede encontrar en el paseo tiendas de la categoría de Dolce&Gabbana, Tous, Valentino, Gucci, Loewe, Armani o Chanel.

La anécdota

En la parte alta del paseo, en la esquina en la calle Rosselló, existió hasta los años ochenta el café La Puñalada, uno de los más antiguos de la ciudad, que abrió sus puertas ochenta años antes. Dice la historia popular, que el nombre proviene de un hecho que roza la leyenda; cuando se preparaba la apertura del local, tuvo lugar un suceso lamentable en sus alrededores en el que resultó muerto a cuchilladas un vecino, pero la historia no está muy clara y existe otro versión más prosaica. Dicen que sus primeros propietarios pretendían hacer un local de élite y muy caro y con un sentido del humor notable, advirtieron a los posibles clientes que los precios serían altos. Sea como sea, La Puñalada se convirtió en uno de los locales más famosos de Barcelona, junto con La Luna, El Oro del Rhin o la Maison Dorée.

Durante los años veinte se reunía en La Puñalada una de las tertulias de más nivel de la ciudad, dirigida por Santiago Rusiñol, poeta, dramaturgo, pintor y escritor, que tuvo como a compañeros de charla y café al filósofo y humorista Francesc Colinas, al músico Jaume Pahissa y al periodista Rafael Moragas, entre otros.

Por la tertulia pasaron también personajes como Valle-Inclán, Rubén Darío, Pau Casals, Fernando Díaz de Mendoza y María Guerrero y se dice que también tomó café un día Carlos Gardel, aprovechando una visita a Barcelona. También era habitual la presencia de Lluísa, la esposa de Rusiñol, que de vez en cuando lo sacaba de las garras de sus amigos bien avanzada la noche.

Durante unos años, trabajó en La Puñalada como camarero el ex juez Lluís Pascual Estivill y seguramente su afición al Derecho le vino porque el café era el lugar de reunión de los jueces de la Audiencia que comentaban sus casos y de ilustres abogados como Gonzalo Quintero, Octavio Pérez Vitoria y Ángel Latorre.

※ ※ ※

Gran Via de les Corts Catalanes

La vía
Para los barceloneses es y ha sido siempre, la Gran Via, aunque en realidad su nombre es Corts Catalanes (Cortes Catalanas) y lo de Gran Via es como llamarle calle o avenida. Es la avenida más larga de la ciudad, eje central de su circulación rodada, y vía de entrada y salida hacia el sur por la autovía de Castelldefels. Su numeración, que se inicia en el término de l'Hospitalet de Llobregat, alcanza el número 1198 en el término de Sant Adrià de Besòs después de cruzar toda la ciudad y agrupar a su alrededor el Eixample de Cerdà. Su nombre le fue impuesto en esa forma en 1931 aunque anteriormente ya se había llamado Corts o Cortes, siempre haciendo referencia a las Cortes Catalanas convocadas en 1098 por el conde Ramon Borrell e institucionalizadas en 1192.

En el Pla Cerdà llevó primero un simple número, el 11 y después la letra N y, naturalmente, con la Víctoria franquista en la guerra se le cambió el nombre por el de avenida de José Antonio (dedicada al falangista José Antonio Primo de Rivera fusilado por su participación en el levantamiento de 1936 contra la República). En 1979 recuperó su nombre de Gran Via de les Corts Catalanes, pero lo cierto es que la ciudadanía siempre la ha llamada Gran Via. Su largo trazado hace de ella una avenida muy variada en su composición. Desde plaza de Espanya hasta la plaza de las Glòries es un boulevard con dos paseos centrales escasamente utilizados como tales y aceras estrechas también muy poco aptas para el paseo y el comercio. El tráfico rodado es muy intenso y se utilizaba como vía rápida para atravesar la ciudad antes de la existencia de los cinturones de ronda. En su trazado hay muchos edificios notables, pero no ha florecido el comercio como sí lo ha hecho en el paseo de Gràcia o Rambla de Catalunya. Entre los edificios que la jalonan se pueden señalar la Casa Golferics en la esquina de la calle Viladomat; el edificio de la Universitat, en la plaza del mismo nombre, proyectado en 1863 per Elies Rogent y terminado veinte años después o el cine Coliseum, de Frances de Paula, construido en 1923.

La Gran Via, la avenida más larga de Barcelona, une los ríos Besòs y Llobregat.

La anécdota

La Gran Via está jalonada de lugares históricos, recuerdos de otros tiempos y acontecimientos muy relacionados con la ciudad, pero valdría la pena recordar un suceso ocurrido el día 7 de junio de 1926, a las cinco o a las seis de la tarde, según las fuentes, pero que ha pasado también a la historia de la ciudad. Ese día y a esa hora, un hombre de edad mediana, vestido con mucha sobriedad, con barba y pelo blanco, se disponía a cruzar la Gran Via, llamada entonces Corts a secas, en un tramo entre las calles de Girona y Bailèn, cerca de la plaza de Tetuán. Los testigos presenciales afirmaron que el hombre atravesó la calzada lateral hasta llegar a uno de los paseos centrales y al ir a cruzar el tramo central, por donde circulaban los tranvías, cruzó la primera vía y vio venir uno por la vía contraria; retrocedió para quitarse de en medio, con tan mala fortuna que no vio el tranvía en dirección contraria de la vía que acababa de cruzar. El convoy le embistió sin que su conductor pudiera evitarlo y le golpeó con gran violencia en el lado derecho, afectándole las costillas de ese lado y el cráneo. El hombre, indocumentado y solo con un libro de evangelios en su bolsillo, fue tomado en un principio por un vagabundo dada su sencilla ropa, y enviado muy grave al Hospital de la Santa Creu donde finalmente fue reconocido. Ese hombre era el genial arquitecto Antoni Gaudí, autor de los más maravillosos edificios del modernismo catalán, enfrascado desde 1914 en la construcción de la que es su mayor obra, el templo de la Sagrada Família. Sin que los médicos pudieran evitarlo falleció tres días después en el hospital; era el día 10 de junio, muy pocos antes de cumplir los 74 años y su entierro fue una gran manifestación de duelo.

✖ ✖ ✖

Calle Guàrdia

La vía

Esta pequeña calle de la vieja Barcelona va desde Nou de la Rambla, la antigua Conde del Asalto, hasta la calle Arc del Teatre (Arco del Teatro) antes llamada Trenta Claus (Treinta Llaves). Se le dio este nombre en 1854 como homenaje a Jaume de Guàrdia i d'Ardèvol, propietario de los terrenos donde se abrió la calle en el siglo XVIII y miembro de una rancia familia de Conflent, en la Catalunya francesa. Jaume de Guàrdia corrió con los gastos de las alcantarillas y el empedrado de la calle, lo que el Ajuntament agradeció dándole su nombre a la vía. Continúa la calle Guàrdia por la peatonal calle de Montserrat hasta la avenida del Portal de Santa Madrona, donde se encontraba una de las viejas puertas de la muralla barcelonesa, la de Santa Madrona. Justo al final de la calle Guàrdia, ya en Arc del Teatre, se encuentra uno de los primeros centros islámicos abiertos en el barrio, el Oratorio Camí de la Pau (Camino de la Paz) que da una idea de la fuerte presencia de musulmanes magrebíes y pakistaníes en el barrio, una presencia que ha cambiado completamente la fisonomía de El Raval.

La anécdota

Durante la ocupación francesa de Barcelona, entre 1808 y 1814, la ciudad vivió varios intentos de rebelión de sus ciudadanos en connivencia con los generales españoles que actuaban contra el ejército ocupante en campo abierto. Uno de estos intentos, tal vez el más importante, tuvo lugar el día 11 de mayo de 1809 con una movilización de paisanos y militares en la ciudad ocupada que debió llegar a 8.000 hombres, armados y listos para levantarse contra los franceses a las doce de la noche de ese día. El plan, bien trazado, incluía la ocupación de las fortalezas de la Ciudadela, Atarazanas y Montjuïc y el ataque a las guarniciones y patrullas de soldados franceses por partidas bien organizadas y armadas.

Por razones aún oscuras, la señal para el levantamiento no se produjo y los civiles conjurados y listos para entrar en acción volvieron a sus casas tratando de esconder las armas y pertrechos que no habían podido utilizar. Algunos días después, un oficial francés sobornado, el capitán Provana, que debía entregar a los rebeldes el bastión militar de Atarazanas, tendió una trampa a los patriotas catalanes que habían organizado la revuelta. Les citó en la casa donde se alojaba, en el número 14 de la calle

Guàrdia, y allí acudieron pero les esperaba la policía francesa que detuvo a Salvador Aulet y Juan Massana. Al día siguiente se desató la represión y los registros y fueron detenidos Joaquín Pou y Juan Gallifa. Hasta dieciocho fueron los jefes de la conspiración detenidos gracias a la traición en la calle Guàrdia. Pou y Gallifa murieron por garrote vil, el día 4 de junio a las cuatro de la tarde y Aulet, Ramón Mas, Navarro y Massana fueron ahorcados a continuación mientras en la ciudad estallaba otra revuelta y se producían varios enfrentamientos a tiros con las tropas francesas. Los verdugos que ejecutaron las sentencias, presidiarios españoles, liberados por los franceses a cambio de su trabajo, fueron capturados y ejecutados a su vez por los patriotas cuando huían de Barcelona.

✖ ✖ ✖

Calle de la Independència

La vía

Algunas calles de la derecha del Eixample recibieron su nombre como un homenaje a la guerra contra los franceses de 1808 a 1812 y una de ellas es la calle de la Independència que, obviamente, se refiere a la independencia de España con respecto a Francia. Relativamente corta para los estándares de las calles de mar a montaña en el Eixample, se inicia en la avenida Meridiana para ir a morir en la calle Sant Antoni Maria Claret, frente al Hospital de Sant Pau.

La calle Independència, aprobada en 1900, se abrió en pleno barrio de Sant Martí de Provençals, un antiguo municipio creado por Felipe V en el Decreto de Nueva Planta de 1715 basado en la vieja parroquia de ese nombre. Hasta fecha tan reciente como mediados de los setenta todavía subsistían alrededor de la calle Independència espacios sin urbanizar y viejas masías que ya han desaparecido, pero al contrario que en la contigua calle del Dos de Maig, Independència ha mantenido muchas de las primitivas construcciones de principio de siglo XX, como la que ocupa el chaflán de la calle Aragó con algunos detalles modernistas o una pequeña edificación abandonada, de una planta, en el cruce de la calle Consell de Cent. Precisamente en ese primer tramo, entre la avenida Meridiana y Consell de Cent, parece como si el tiempo se hubiera detenido; toda la acera izquierda, en dirección a la montaña, conserva todavía las minúsculas viviendas de obreros, de una planta, típicas del Sant Martí de Provençals industrial o de Gràcia u Hostafranchs, lo mismo que el pasaje Independència que comunica la calle del mismo nombre con la de Dos de Maig. Viejas construcciones de una planta y antiguos portones de madera que han superado el paso del tiempo.

La anécdota

En el número 307 de la calle Independència se alza hoy en día un bloque de viviendas nuevas ocupado en sus bajos por un concesionario de automóviles, pero no siempre fue así, claro está. Hasta finales de los setenta existió en ese solar una vieja institución pedagógica que ocupaba un inmueble de tres plantas construido a principios de siglo. Era el Colegio Academia San Martín, perteneciente a la Institución Educativa Rovira que tuvo algunos centros escolares más, uno de ellos en la cercana calle Consell de Cent, y una estrecha relación con el Centro Moral de Sant Martí de Provençals, situado en el cruce de la avenida Meridiana con la calle Corunya, contigua a Independència. El Centro Moral recuperó en el año 2000 su antiguo nombre de Orfeó Martinenc pues se trataba básicamente de una institución coral establecida en 1910 en la que se estudiaba música y se hacían representaciones teatrales y musicales muchas veces con alumnas del San Martín. El Colegio Academia San Martín vivió su época contestataria a mediados de los años sesenta con la formación de un grupo ácrata alrededor de dos profesores jóvenes, influidos por las lecturas de Bakunin, Kropotkin y Proudhon.

El grupo, formado por una decena de alumnos y los dos profesores, llegó a publicar una revista semiclandestina, Eidos, básicamente literaria pero con una fuerte crítica política, y con el tiempo algunos de sus miembros derivaron hacia posturas marxistas. Eidos se disolvió a finales de los sesenta, pasando a formar parte algunos de sus miembros de movimientos políticos como PSUC y MC (Movimiento Comunista) e incluso al Front Nacional de Catalunya. Durante un corto periodo de tiempo, estudió en el Colegio Academia San Martín y formó parte del grupo de discusión Eidos, la que hoy es gran actriz Sílvia Munt, nacida muy cerca de allí, en el barrio del Clot, y el poeta contracultural y siempre fiel al anarquismo Pere Marcilla, fallecido tempranamente .

✂ ✂ ✂

Calle de Jerusalem

La vía

Desde la calle del Carme a la de Hospital discurre una irregular vía que lleva el nombre de Jerusalem, no exactamente en honor a la milenaria ciudad, sino debido a que en ella se estableció hacia 1462 un convento bajo la advocación de Santa María de Jerusalén. La nueva orden, según la tradición, fue de monjas Clarisas lideradas por una mujer llamada Rafaela Pagès que, después de peregrinar a Tierra Santa, pasó por Roma a su regreso y consiguió la licencia papal para establecerse como religiosa. Ya en Barcelona se le cedió el convento anterior, tal vez de 1453, de religiosas franciscanas que en 1371 había sido fundado por monjas dominicas.

El caso es que se estableció en él Rafaela Pagès cuyas monjas adoptaron en 1494 la regla de Santa Clara y consiguieron renovar el ruinoso edificio y hacerlo prosperar aunque las enfermedades las obligaron a abandonarlo intermitentemente en 1812 y 1824 y la desamortización las expulsó en 1853. Tras la salida de las monjas el convento fue convertido primero en cuartel de la milicia ciudadana, después en cuartel de artillería del Ejército y finalmente en cuartel de la Guardia Civil aunque el edificio había sido siempre bien conservado. En 1856 volvieron a él las monjas que lo habitaron hasta 1868 en que fue destruido.

El solar del convento es hoy en día la plaza de la Gardunya frente a la plaza de Sant Josep y el mercado del mismo nombre conocido como La Boqueria.

La anécdota

Al final de la calle Jerusalem, ya en la plaza de Sant Agustí, se encuentra la iglesia dedicada al santo filósofo, resto de lo que fue un gran convento y anexo a él, figura un pequeño espacio, al que se accede por una rampa pensada para gente con escasa movilidad, y que lo ocupan las Misioneras de la Caridad de la Madre Teresa de Calcuta. Se trata de un diminuto hogar, no exento de encanto, en el que un puñado de monjas de la congregación fundada por Teresa de Calcuta, atienden a indigentes del barrio del Raval. La congregación fue fundada por Agnes Gonxha Bojaxhiu, conocida como Teresa de Calcuta, nacida en Skopje (Macedonia) en 1910 cuando esa provincia, hoy independiente, formaba parte del Imperio Otomano. Agnes se hizo misionera a los treinta años y profesó como monja en 1937 adoptando el nombre de Teresa. Después de un tiempo dando clases en Irlanda, marchó a Calcuta donde desarrolló toda una vida de atención a los necesitados. Las Misioneras de la Caridad de Teresa de Calcuta se instalaron por primera vez en España en julio de 1986, en un centro en Madrid que fue inaugurado por la misma Madre Teresa, en presencia de la reina doña Sofía y poco después se abrieron los centros de Barcelona, Sabadell y Murcia. Menos de treinta monjas, algunas de ellas de la India, atienden esos cuatro centros que cuidan de indigentes, enfermos de sida y mujeres maltratadas.

✕ ✕ ✕

Calle de Joan Blanques

La vía

La calle Joan Blanques es una larga vía que arranca en la travesera de Gràcia, cerca del paseo de Sant Joan, para ir en línea recta hasta la calle del Congost donde cambia su nombre por el de Rabassa. Joan Blanques fue en 1473 el «Cònsol en cap» de Perpinyà, la máxima autoridad de la ciudad y era un acérrimo defensor de la unión del Rosselló a Catalunya durante la Guerra Civil de 1462-1472. Defendió la población con energía durante el asedio al que la sometieron los franceses entre 1474 y 1475 y entre sus hazañas figura la de no rendirse ante la amenaza de los franceses de matar a su hijo prisionero, cosa que hicieron y no evitó que, finalmente, Joan Blanques rindiera la plaza. Blanques tenía ya la calle dedicada en el año 1900 aunque hasta bien poco antes lucía el nombre del almirante Méndez Núñez, héroe de la Armada por sus acciones en Filipinas y en El Callao. En el número 2 de esa calle nació el 11 de noviembre de 1911 Amadeo Martorell, gran estudioso de la sigilografía, la disciplina que estudia los sellos.

La calle tiene una larga tradición comercial y de participación en las fiestas de la antigua villa y en las celebradas en agosto de 2008 ganó el premio a la mejor engalanada rompiendo la racha de Verdi del Mig que había ganado el premio en seis ocasiones seguidas. Una gran mercería como homenaje a las abuelas octogenarias que colaboran en estas tareas obtuvo el primer premio en uno de sus tramos y el segundo fue a parar también a Joan Blanques en otro de sus tramos.

La anécdota

Poco conocido es un hecho interesante de la vida cultural de Gràcia. En el número 52 de la calle Joan Blanques, en la esquina de la calle de la Encarnación vivió desde su infancia Paco Martínez Soria, el genial actor, todo un símbolo de la España de posguerra. Nacido en 1902 en Tarazona (Zaragoza), su familia se instaló en Gràcia en 1907 y desde entonces vivió y ejerció de «gracienc» durante toda su vida a pesar de sus viajes y su vida en Madrid, donde desarrolló ya de adulto su carrera. El joven Paco estudió en el Colegio Corazón de María donde ya empezó a dar muestras de su vena artística participando en funciones teatrales infantiles. Terminado el bachillerato trabajó en un taller del barrio pero su vena teatral era ya imparable. Su formación teatral se inició en El

Artesà de Gràcia que aún hoy en día mantiene su prestigio como centro cívico y cultural; allí hizo sus clases de declamación e incluso se inició como director de su propio cuadro escénico. En El Artesà (Sociedad Deportivo Recreativa) conoció a su esposa, Consuelo Ramos Sánchez, hermana de uno de sus colegas y con la que se casó el 24 de octubre de 1929 en la parroquia de Sant Joan de Gràcia. De ese matrimonio nacerían, en Gràcia, sus cuatro hijos: Natividad, Consuelo, Eugenia y Francisco. De esos primeros tiempos como actor hay constancia de que actuó en diversos montajes en las múltiples salas de teatro de la Vila, como en el local de los Lluïsos, en el Orfeó, en la Cooperativa de Teixidors a Mà y el Círculo Católico, lo que combinaba con el trabajo como representante, pero la Guerra Civil del 36-39 le dejó sin trabajo y le obligó –por suerte– a dedicarse al teatro. En 1940 se estrenó como director con su propia compañía, en el Teatro Borrás de Barcelona, y en 1942 se trasladó a Madrid para dirigir la compañía titular del Teatro de La Zarzuela.

✼ ✼ ✼

Calle de Joaquín Costa

La vía

Joaquín Costa tiene dedicada una calle en Barcelona, en pleno corazón del barrio del Raval, que comunica la ronda de Sant Pere con la calle del Carme. Es una vía estrecha como corresponde a la zona, pero relativamente larga y con mucho movimiento tanto de vehículos como de viandantes. Todavía conserva esta vía los restos de sus características de las últimas décadas, una oferta de prostitución marginal, en declive, el antiguo teatro Goya y el Centro Aragonés que ocupa el mismo edificio y sus viejas casas, recuerdo de la Barcelona de otros tiempos. No obstante, en los últimos años, la calle ha ido cambiando su fisonomía, en parte debido a la oleada de inmigrantes, especialmente pakistaníes, pero también indios y marroquíes. Las antiguas pensiones dedicadas al negocio de la prostitución casi han desaparecido y las que quedan han dado paso a otras, más o menos legales, donde se hacinan inmigrantes recién llegados. También la puesta en marcha de la cercana Universitat Ramon Llull, en la calle Valldonzella, ha supuesto un cambio o más bien una amalgama interesante, con el trasiego de estudiantes y la apertura de algunos bares literarios tanto en la misma calle Joaquín Costa como en Valldonzella o en Ferlandina. Destaca entre ellos el Lletraferit en cuyas mesas hay siempre libros para disfrute de la clientela. A un tiro de piedra, en la calle del Tigre, subsiste todavía, aunque muy cambiada, la mítica sala de baile La Paloma, paradigma del ligue casto y el baile «agarrao» desde 1903, aunque el local se había abierto a finales del siglo XIX con el nombre de «La camelia blanca» y una notoriedad mucho menos amable.

El nombre de Joaquín Costa, ilustre jurista, historiador y político aragonés, fue aprobado por el Ajuntament barcelonés en mayo de 1923 y seguramente fue elegido dada la existencia del Centro Aragonés en la parte más alta de la calle. El nombre sustituyó al antiguo con el que se conocía a la calle, Ponent (Poniente) que había dejado un recuerdo amargo en los barceloneses.

La anécdota

En febrero de 1912 un terrible suceso, la desaparición de una niña de cinco años llamada Teresita Guitart, conmocionó a una ciudad que todavía no se había recuperado del desastre de la «Semana Trágica», con 78 muertos, quinientos heridos y 112 edificios incendiados, la mayor parte iglesias.

A primera hora de la mañana del 27 de febrero de 1912, un policía llamó a la puerta del entresuelo primera del número 29 de la calle de Poniente. Le abrió una mujer, conocida en el barrio por mendigar una ayuda durante el día, pero de la que no se conocían sus turbios negocios durante la noche. Una vecina había creído ver a través de una ventana la cara demacrada y la cabeza rapada de una niña que, pensó, era Teresita Guitart, la pequeña desaparecida. Lo era en efecto, y la inquilina de la calle Ponent número 29 resultó ser una especie de monstruo que secuestraba y asesinaba niños con total impunidad. Una vez en la jefatura

Cerca de Joaquín Costa, en la calle del Tigre, subsiste todavía, aunque muy cambiada, la mítica sala de baile La Paloma.

de policía, situada muy cerca, en la calle de Sepúlveda, la secuestradora fue identificada como Enriqueta Martí Ripollés, de 43 años y con antecedentes por corrupción de menores. Al parecer había regentado un prostíbulo con menores de ambos sexos y de edades que iban desde los cinco hasta los 16 años, pero el caso se traspapeló pues implicaba a algún personaje poderoso de la ciudad. Poco a poco fueron saliendo a la luz sus actividades que más parecen fruto de la imaginación de Stephen King. Enriqueta secuestraba y asesinaba niños para extraerles la sangre y la grasa corporal y elaborar unas pócimas que los burgueses ricos compraban a precio de oro como remedio para curar la tuberculosis.

Las declaraciones de Teresita y de Angelita, otra niña encerrada en la casa de la calle Ponent, sacaron a la luz horrores inimaginables, como el asesinato a cuchilladas de Pepito, otro de los niños secuestrados, que Angelita había presenciado, y el hallazgo de un saco conteniendo ropa de niño y un gran cuchillo ensangrentado. El registro efectuado por la policía encontró restos de otros niños como huesos, cabellos y grasas humanas y un paquete de cartas, escritas en clave, pero que fueron descifradas descubriendo la lista de depravados clientes. Enriqueta había amasado una fortuna que dedicó a la compra de inmuebles y el registro de todos ellos dio resultados aún más terribles. En un piso de la calle de Picalquers, muy cercana, fue descubierto un falso tabique tras el que aparecieron más huesos, entre ellos varios de manos de niño. En otro de la calle de Tallers hallaron más huesos y dos cabelleras rubias de niñas de corta edad. En una casa de la cercana localidad de Sant Feliu de Llobregat, también propiedad de Enriqueta, aparecieron libros de recetas y nuevos frascos con sustancias inquietantes y desconocidas. Y finalmente, en el patio de una casa de la calle Jocs Florals, en el barrio de Sants descubrieron el cráneo de un niño de unos tres años, que todavía presentaba adheridos a la piel algunos cabellos y varios huesos más que los forenses reconocieron como pertenecientes a tres niños de tres, seis y ocho años. En total, el sumario arrojó el hallazgo de diez víctimas identificadas. Enriqueta Martí fue encerrada con todas las medidas de seguridad pertinentes y se preparó un proceso que pudo sacar a la luz la personalidad de sus clientes, gentes «de orden» y de la alta burguesía, pero Enriqueta fue linchada por sus compañeras reclusas en el patio de la prisión, aunque corrió la voz de que antes había sido envenenada, pues había mucha gente importante interesada en que no se diera a conocer la lista de clientes, pederastas y consumidores de sus pócimas humanas.

✖ ✖ ✖

Calle de Jonqueres

La vía

Desde la plaza de Urquinaona en dirección al mar, parte una calle corta y con aceras sumamente estrechas. Es una calle con un tráfico rodado intenso pues es el acceso desde Vía Laietana hacia Urquinaona, el Eixample y también hacia el Arc de Triomf. Es la calle Jonqueres, o Junqueras en su grafía en castellano, una calle que a pesar de su escasa longitud tiene un par de detalles interesantes. Por un lado está el prestigioso y antiguo comercio de La Casa de las Mantas, uno de los comercios más antiguos y prestigiosos de Barcelona, fundado a principios de los años cuarenta y dedicado a la ropa de casa. Tan importante como su oferta ha sido desde siempre su permanente presencia en la radio «Junqueras, número 5» o «al ladito de La Caixa» han sido referencias auditivas durante sesenta años. Otro referente de la calle Jonqueres ha sido desde 1936 el edificio conocido como «rascacielos Urquinaona» pero que tiene sus dos entradas en los números 16 y 18 de la calle Jonqueres. Se trata del primer edificio de esas características en Barcelona, un rascacielos de dieciocho plantas, proyectado por Luis Gutiérrez Soto e inaugurado finalmente en 1944.

El nombre de Junqueras o Jonqueres le fue impuesto debido al monasterio que existió en ese lugar, a las afueras de la Barcelona medieval, desde 1293 en un lugar conocido como torrente de Merdançar y que pronto se conoció como torrente Jonqueres. La congregación de monjas que se instaló en él se había fundado en el año 1214 en la parroquia de Sant Vicenç de Jonqueres, en el término municipal de Castell d'Arraona, cerca de Sabadell. En 1273 las monjas se trasladaron a una nueva ubicación dentro de Sabadell y en 1293 llegaron a Barcelona donde estuvieron hasta 1810 en que fueron expulsadas por los ocupantes franceses. Se dice que ese convento era el preferido de las clases altas barcelonesas para que profesaran sus hijas.

El edificio fue utilizado como cuartel para los soldados de Napoleón en 1810 y en 1820 se transformó en hospital militar. Se da el caso que la iglesia primitiva y el claustro se trasladaron, desmontados pieza a pieza, a un nuevo emplazamiento, en la calle Aragó, entre 1869 y 1888 cuando se planteó su derribo por razones urbanísticas.

La anécdota

En la zona de los alrededores de la calle Jonqueres hay al menos siete iglesias o santuarios más o menos importantes, suficiente con toda probabilidad para los fieles más fieles, pero existe uno, escasamente señalado en las guías turísticas o en los planos municipales enclavado en la misma calle de Jonqueres. En el número 15, cerca de la plaza de Urquinaona, a la izquierda tal y como se sube desde Vía Laietana, se puede encontrar un curioso oratorio en el primer piso del inmueble. El lugar no está señalado de ninguna manera y en él se venera algo así como la cara de Jesucristo y que se le da el nombre de la Santa Faz. Se trata de una capilla con una cierta entidad en un ambiente luminoso y con ventiladores para combatir el asfixiante calor del verano. En el frontispicio –como diría Felipe González– hay una inscripción que reza: Muéstranos señor tu faz y seremos salvos. Y la faz está mostrada al fondo, en un retablo iluminado y protegido por una reja. Si el visitante lo desea, puede orar en los bancos dispuestos al efecto y, todo sea dicho, supone un remanso de paz en una calle y una zona especialmente ruidosas. Resultan interesantes los artesonados del techo y todo en sí da la impresión de un poco fuera de lugar, como un oasis que aparece de pronto en medio del desierto.

※ ※ ※

La Rambla o Les Rambles

La vía

Conocida como La Rambla y a veces Les Rambles, por tener diferentes nombres cada tramo, se trata de un paseo que muchas veces se ha calificado como único en el mundo por su exuberante aspecto, su vitalidad y su historia. Hasta el derribo de las murallas medievales de Barcelona en 1860, La Rambla era la única calle amplia en toda la ciudad, constreñida por sus murallas y delimitada por las llamadas «rondas», de Sant Pau, Sant Antoni, de Universitat, y de Sant Pere, por los actuales paseos de Lluís Companys y de Colom y por parte de la avenida del Paral·lel. La Rambla de Barcelona, como la de todos los paseos semejantes en diferentes pueblos y ciudades costeras de Catalunya, debe su nombre al vocablo árabe *ramla*, o lo que es lo mismo, un torrente que se formaba, impetuoso, con las lluvias para arrastrar agua y todo lo que encontrara a su paso desde la montaña hasta el mar. La sinuosa Rambla actual une la plaza de Catalunya con el puerto en un recorrido que parte en dos la ciudad antigua, dejando a la izquierda el casco medieval y romano y a la derecha el más reciente barrio del Raval. El lado izquierdo, tal como se baja hacia el mar, estaba ocupado por la muralla y en el otro lado de la rambla, el lado derecho, no se empezó a construir hasta el año 1704. Ya en 1775 se derribó una parte de la muralla, junto a las Atarazanas, y la totalidad del paseo se urbanizó a finales del siglo XVIII.

El primer tramo, desde la plaza de Catalunya, recibe el nombre de Canaletes, tomado de una fuente con diversos canalillos (canalets) que existía ya en el siglo XVI. La fuente actual data de 1860, instalada al tiempo que se derribó la muralla. El tramo siguiente recibe el nombre de Rambla dels Estudis por haberse instalado allí uno de los primeros edificios universitarios de la ciudad, derribado en 1843 después de que Felipe V lo convirtiera en cuartel. El tramo siguiente es el conocido como Rambla de les Flors porque allí, desde antiguo, se instalaron las floristas, aunque el nombre oficial era el de Sant Josep, debido a un antiguo convento de ese nombre que fue derribado para construir el mercado de Sant Josep, llamado también de la Boqueria. El siguiente espacio es la rambla de Capuchinos, llamada así por el antiguo convento de frailes de esta orden y el tramo final es el conocido como Rambla de Santa Mònica, por la parroquia del mismo nombre y que, en otros tiempos, fue el convento de los Agustinos Descalzos.

La anécdota

La *Guía de la Barcelona Mágica*, de Ernest Milà, cuenta que el Gran Teatro del Liceo, el barcelonés teatro de la ópera instalado en la Rambla, arrastra una maldición desde hace doscientos años y aunque no creamos en las maldiciones, la verdad es que el Liceo, o su emplazamiento, ha sido uno de los lugares por donde ha pasado la turbulenta historia de Barcelona dejando su huella. En

La Rambla, de renombre mundial, siempre llena de viandantes.

el solar que hoy ocupa el Gran Teatro del Liceo se erigió en 1662 el convento de los frailes Trinitarios, uno más de los muchos que se instalaron fuera de la muralla barcelonesa. Durante la ocupación francesa, entre 1808 y 1814, dicho convento fue utilizado como almacén del ejército ocupante y más tarde se convirtió en un club político liberal hasta que volvió a la orden en el reinado de Fernando VII. No obstante, en 1835, en otra de las explosiones anticlericales tan arraigadas en Barcelona, el convento ardió hasta sus cimientos.

En 1838, la sociedad «Liceo Filarmónico Dramático de S.M. la Reina Isabel II», una entidad privada de la burguesía barcelonesa aficionada a la música, compró el convento de la Rambla decididos sus miembros a crear un Gran Teatro de la Ópera.

El nuevo teatro se inauguró en abril de 1847 y pocos años después, en 1861, un gran incendio destruyó el escenario y parte de la platea. Corrieron rumores de que el incendio había sido provocado, pero nunca se llegó a comprobar y naturalmente se dispararon las leyendas, como que los espíritus de los monjes trinitarios desalojados habían castigado los «excesos paganos» de los melómanos.

Al año siguiente, en plena obra de restauración, una gran riada siguiendo el curso natural de la rambla se llevó por delante gran parte de las obras que tuvieron que suspenderse durante más de un año. La connotación clasista del Liceo, como club de las clases más altas y poderosas de la ciudad, le hizo entrar con todos los honores en las luchas entre obreros y patronos y el 7 de noviembre de 1893 el anarquista Santiago Salvador lanza una bomba sobre la platea del teatro mientras se representaba *Guillermo Tell*, de Rossini. En realidad fueron dos bombas y una de ellas no llegó a estallar y el recuento de muertos fue de veintidós, aunque se sospecha que fueron más. Durante la Guerra Civil, el Liceo fue incautado por las autoridades republicanas y se transformó en el Teatro Nacional de Catalunya sin sufrir daños y tras la Víctoria de los rebeldes se le devolvió la propiedad a sus fundadores.

Si se ha de creer en las maldiciones, los fantasmas de los monjes trinitarios volvieron a actuar en la mañana del 31 de enero de 1994. Una chispa de un soplete con el que trabajaban unos operarios saltó a los pesados cortinajes de terciopelo que ardieron como la yesca pasando inmediatamente al techo del edificio. No se pudo hacer gran cosa y la totalidad del teatro fue pasto de las llamas propiciando su total renovación para convertirlo en el suntuoso y ultramoderno edificio que es hoy.

✷ ✷ ✷

Paseo de Lluís Companys

La vía

Desde 1979 este bello paseo de la ciudad, uno de los más interesantes de Barcelona, recibe el nombre de Lluís Companys, el presidente de la Generalitat fusilado en el foso de Montjuïc por los vencedores de la Guerra Civil después de una parodia de juicio sumarísimo. Anteriormente, el paseo había llevado el nombre de Salón de Víctor Pradera, Fermín Galán, Salón de San Juan y el más prosaico de número 35 en al Pla Cerdà. Sea con un nombre u otro, se trata de una paseo con magnífico arbolado y dos únicos carriles para el tráfico rodado que va desde el el parque de la Ciutadella hasta el Arc de Triomf (en su grafía en catalán), aunque tiene una continuación natural en el paseo de Sant Joan, mucho más castigado por los vehículos a motor. A la mano izquierda según se va hacia el mar, se encuentra el bello Palacio de Justicia –inaugurado en 1908– obra de Josep Domènech y Enric Sagnier que, igual que el Arco del Triunfo, fue edificado con motivo de la Exposición Universal de 1888. El Arco del Triunfo que abre el paseo en la parte alta es realmente una humilde copia del que se levanta en París y fue pensado como la puerta de entrada a la Exposición que tenía lugar en la Ciutadella. Construido en ladrillo por Josep Vilaseca i Casanovas, posee interesantes cerámicas y relieves de artistas como Llimona, Reynés, Vilanova y Tasso. El Arc de Triomf de Barcelona se considera una obra civil, a diferencia de los de París o los de la antigua Roma dedicados siempre a efemérides militares.

El Arco del Triunfo era la puerta de entrada a la Exposición Universal de 1888.

La anécdota

Los alrededores del Arc de Triomf, tienen un triste recuerdo de la Barcelona del pistolerismo, los años que van desde 1917 a 1923, con casi medio centenar de muertos, la mayoría obreros. En aquellos años, el arco se alzaba más bien en un descampado que marcaba el límite del casco urbano todavía escasamente urbanizado y en aquel lugar se empezó a practicar lo que más tarde se conoció como la «ley de fugas» que era la manera en que los policías a las órdenes del gobernador Martínez Anido disparaban a los obreros detenidos acusándoles de intento de fuga. El lugar era muy adecuado dada la cercanía de las comisarías de Vía Laietana y de Atarazanas y allí se contabilizaron al menos 9 de estas muertes. El procedimiento consistía en decirle al detenido que le iba a trasladar a otras dependencias o a ponerle en libertad y al llegar a un lugar solitario, el Arc de Triomf o el cercano paseo del Born, se les tiroteaba con la excusa del intento de fuga. Existe también constancia de seis muertes, al menos, en el paseo del Born por este procedimiento, aunque algunos no llegaban, como el dirigente de la CNT Evelí Boal que fue asesinado mediante la «ley de fugas» en la plaza de Santa Maria antes de llegar al paseo del Born.

❌ ❌ ❌

Avenida de la Luz

La vía

Recibió el nombre de avenida de la Luz la antigua galería comercial que se instaló en el subterráneo situado bajo la calle Pelai, entre la plaza de Catalunya y las calles Bergara y Balmes. Inaugurada el 30 de octubre de 1940, solo un año después de terminada la Guerra Civil, era la primera galería comercial subterránea de Europa y formaba parte del entramado bajo tierra que acogía a los Ferrocarriles Catalanes, ahora Ferrocarrils de la Generalitat, y se accedía a ella por tres entradas, una desde plaza Catalunya, otra en la calle Bergara y una tercera por el otro extremo, en la calle Pelai. Tenía esa corta calle comercial y bajo tierra una extensión de unos 2.000 metros cuadrados que acogía el año de su apertura sesenta y ocho tiendas y comercios y fue una de las primeras, si no la primera, galería comercial de Barcelona y desde luego la primera galería subterránea de Europa.

Entre los comercios instalados se mantuvieron hasta su cierre a finales de los años ochenta dos que centraban el ocio de los barceloneses que acudían a los aledaños de la plaza de Catalunya y la calle Pelai, el cine avenida –aún en construcción en 1940 e inaugurado tres años después– y el Salón Recreativo donde se jugaba al billar y al futbolín. La avenida de la Luz contó con florecientes y algunas veces peculiares comercios como una oficina de CCC –cursos por correspondencia–, las bodegas de Montroy Pedro Massana o la armería Beristain. Y un dato importante para la época, los urinarios públicos.

Las reformas de 1990 eliminaron totalmente la avenida de la Luz, que quedó incluida en el gran proyecto de El Triangle y hoy es en gran parte la perfumería Sephora.

El cine Avenida de la Luz, que tuvo épocas gloriosas, cerró sus puertas en 1992, después de una larga y progresiva decadencia.

La anécdota

El Cine avenida, instalado en la avenida de la Luz, fue el primero de la cadena de cines que hoy forman el Grup Balañá. Al parecer, Pere Balañá Forts, hijo del empresario Pere Balañá Espinós, no tenía demasiado interés en el mundo taurino y la familia optó por poner en marcha para él un nuevo negocio, una sala de cine para cuyo emplazamiento eligió la avenida subterránea que se estaba gestando. El 1 de enero de 1943 se inauguró la sala con un Festival Disney que contó, entre otras con el estreno de *Los tres cerditos*. La sala subterránea fue todo un éxito, especialmente dedicado a los niños, y se la llegó a conocer como «el palacio de la risa». Por su pantalla pasaron Jaimito, Charlie Brown, La Pandilla, el Gordo y el Flaco, Chiquilín, Pamplinas, Bud Abbot y Lou Costello e incluso los Hermanos Marx.

El cine avenida de la Luz tuvo el honor de ser el primero que intentó ofrecer una película en 3D (o algo parecido) con un sistema llamado Audioscopia basado en unas gafas con dos colores que no resultó interesante. La época dorada de los años sesenta de la avenida de la Luz hizo del cine avenida una sala de las típicas de programa doble de la época pero también con algún estreno, aunque la decadencia imparable de los años setenta convirtió al Cine avenida, a principios de los ochenta, en una de las salas S de los primeros años de la democracia y posteriormente en una más de las salas X que florecieron antes de la llegada del vídeo doméstico, hasta su cierre en noviembre del año 1992.

✖ ✖ ✖

Calle De los Castillejos

La vía

El Pla Cerdà, la construcción del gran Eixample barcelonés ideada por el arquitecto y urbanista Ildefons Cerdà, se aprobó en 1855 y cinco años después se puso en marcha impulsado por un decreto del Gobierno. Basado en un entramado de vías en retícula perfecta, una de las calles trazadas, la número 43, recibió inicialmente el nombre de León Fontova y Mareca, actor y autor teatral que tenía ya una calle dedicada en el cercano pueblo de El Clot, que acabaría engullido por Barcelona. A la puesta en marcha del plan, en 1860, se optó por rebautizar la calle con el nombre de Los Castillejos en honor de la batalla que el día 1 de enero de ese mismo año ganó el ejército español al mando del general Prim en el valle del mismo nombre, cerca de Ceuta, contra el Ejército del sultán de Marruecos.

La calle es una larga vía que se extiende desde la avenida del Guinardó, junto al parque del mismo nombre, hasta la Gran Via junto a la plaza de las Glòries. Se da la circunstancia que la numeración de la calle no se inicia en el número 1 en su tramo más bajo, junto a la plaza de las Glòries, sino en el número 177, tal vez porque su continuación al otro lado de la Gran Via, la calle Pamplona que llega hasta el mar, era la misma calle número 43 del Pla Cerdà.

Sin nada que la destacara de otras calles semejantes del Eixample, la calle de los Castillejos (conocida simplemente como Castillejos) fue hasta los años sesenta casi límite con el cercano barrio del Clot, pues si bien había tres calles más paralelas, Cartagena, Dos de Maig e Independència hasta llegar a la antigua población, a partir de la calle Castillejos hacia ese barrio, abundaban los campos tapiados, los caminos sin asfaltar e incluso el barraquismo típico de la época del desarrollo de la ciudad. En la parte alta, el barrio del Guinardó, las construcciones eran bajas y con jardines y huertos y en la parte más baja, desde la calle de Rosselló hacia el mar, abundaban los talleres y garajes.

La anécdota

En los números 256 y 258 de la calle Castillejos, el chaflán con la calle Mallorca, funciona hoy en día una de las residencias de ancianos más lujosas de la ciudad, un verdadero complejo de cinco estrellas que se complementa con otra residencia y centro de día unos números más arriba que ocupa una antigua cochera de los Transportes de Barcelona. En el número 256 y 258, donde se erige ahora la residencia de lujo, se inauguró en 1927 un gran cine, el Versalles que se convirtió en el más destacado del barrio. A pesar de ocupar su fachada todo el amplio chaflán, el hall de entrada era estrecho y más aún la entrada al cine, situada a la izquierda. La sala, como han señalado cronistas e historiadores, era un prodigio de mala resolución, tan ancha como larga, de forma que los espectadores situados a los lados veían la pantalla de modo más que sesgado. Fue en los años cincuenta, con una amplia reforma, cuando se abrió un excelente hall de entrada y se amplió el número de butacas, pero sobre todo fue cuando el Versalles se convirtió no solo en cine de programación doble, de «reestreno» que se llamaba, sino que pasó a incorporar lo que se llamaron varietés o variedades, que no era otra cosa que un espectáculo de cabaret de barrio que completaba el programa cinematográfico. El Versalles se convirtió así en un foco cultural de la época y por él pasaron figuras de la talla de Estrellita Castro, Antonio Amaya, Pepe Marchena e incluso el internacional Antonio Machín. Los Miércoles Fémina, dedicados a las mujeres, y los viernes con programación doble (cuatro películas), hicieron del Versalles la sala más famosa, no solo del barrio, sino de todo el sector de la derecha del Eixample. En los años setenta, tras su incorporación al Grupo Balañá, fue transformada, ya sin varietés, en cine de estreno y en 1986 pereció, como tantos otros, víctima del vídeo doméstico y la caída de espectadores. Cuentan que el día 8 de mayo, el último de su vida cinematográfica, se proyectó en el Versalles *Los ojos del gato,* con Drew Barrymore, y *Crackers,* con Donald Sutherland, para un cine casi vacío.

Parecía que solo el olvido iba a quedar para aquel magnífico local, pero cuatro años después, casi sin obras ni publicidad, apareció como de la nada la macro discoteca Barçalles, un ingenioso nombre para unir la Gran Barcelona olímpica con la tradición. Con un aforo de mil quinientos «bailones», la discoteca Barçalles fue un hito que atrajo jóvenes de toda Barcelona y supuso un experimento que luego copiaron muchos otros locales barceloneses. En Barçalles se ensayaron por vez primera los juegos de luces láser como parte del espectáculo y se utilizó sistemáticamente el «riego» para los asistentes mediante aspersores en el techo. Jovencitas y jovencitos acudían ya con ropa preparada para cambiarse tras la ducha y las colas para entrar llegaban hasta la calle Provença. La discoteca reavivó de tal manera el barrio que se abrieron bares para atender al público ávido y revivieron antiguos locales que languidecían. El lado negativo fue el incremento exponencial de los escándalos, las borracheras callejeras, las peleas y la suciedad típica que rodean a un macrolocal de ese tipo y que provocó la rebelión de parte del vecindario. En noviembre de 1997, el local cerró sus puertas después de setenta años de dedicación al espectáculo. Ahora, es un lugar tranquilo, feudo de la tercera edad.

✖ ✖ ✖

Calle Major (Gran de Sarrià)

La vía

Desde 1950 esta importante vía de la antigua villa de Sarrià llevó el nombre de calle Mayor (ahora Gran de Sarrià), pero ha tenido en su vida otros nombres en su totalidad o a tramos, como Sarrià, Capuchinos, Catalunya; Prim, Serrano e incluso Capuchinos del Desierto, frailes de esa orden que vivían como eremitas en los desiertos de Oriente Medio. Esta interesante y comercial vía discurre desde la plaza Artós hasta lo que hoy es la ronda de Dalt, prácticamente en las faldas del Tibidabo. En su largo trazado, la calle da fe de la pujanza económica y comercial del barrio incorporado a Barcelona en 1921, con la oposición de sus vecinos por cierto. El topónimo Sarrià proviene del nombre Sirriano, que aparece mencionado por primera vez en documentos del año 986. El origen de la municipalidad de Sarrià se puede situar hacia los siglos XIII-XIV en un núcleo situado en torno a la iglesia y el existente en las masías de fuera de la villa que formaban una sociedad rural que fundamentaba su economía en el rendimiento de la tierra. Con el tiempo, se fue transformando en una sociedad urbana de menestrales y artesanos que, con la proliferación de torres y chalets de veraneo (siglos XVI-XVII), adquirió una gran importancia. En la actualidad, los comerciantes de la calle Mayor y algunas adyacentes están agrupados en su mayoría en el Eix Comercial de Sarrià (Eje Comercial de Sarrià) que mantiene una importante actividad cultural y de promoción del barrio.

La anécdota

En el número 232 de la calle Gran de Sarrià, a la altura de la calle dedicada a Santa Filomena, vivió los últimos años de su vida y murió un personaje muy destacado y poco conocido a pesar de que su belleza fue durante años imagen de la marca de jabones La Maja, Myrurgia. Se trata de Carmen Tórtola València, bailarina y coreógrafa de fama mundial nacida en Sevilla, en el barrio de la Magdalena, en 1882. Hija de padres catalanes, su familia emigró a Inglaterra cuando ella tenía solo 3 años y a esa edad, recién llegada a Londres, inició su formación como bailarina haciendo su presentación pública en 1908. Sus actuaciones levantaron pasiones en Viena, Berlín y el mítico Folies Berger de París de principios de siglo. Después de una gira que le llevó a Alemania y Dinamarca debutó en España, en Madrid, en 1910 y posteriormente en el Arnau de Barcelona. Su estilo, muy clásico al principio, derivó después hacia formas orientales fruto de sus viajes por todo el mundo para recoger danzas y culturas diferentes. Instalada en Estados Unidos desde 1914 volvió a España cuando se proclamó la República, en 1931, y compró la casa de Gran de Sarrià que convirtió en un museo con cientos de objetos que había ido coleccionando en sus muchos viajes. Carmen Tórtola tiene dedicada una bella plaza en el barrio, no lejos del lugar de su muerte. Su arte le abrió las puertas de los círculos culturales españoles y conoció a Eugeni d'Ors, Benavente, Pío Baroja y Valle Inclán que le dedicó este magnífico poema:

> *Tiene al andar la gracia del felino,*
> *es toda llena de profundos ecos,*
> *anuncian sus corales y sus flecos*
> *un sueño oriental de lo divino.*
> *Cortó su mano en un jardín de Oriente*

una manzana del árbol prohibido
y enroscada a sus senos la serpiente
devora la lujuria de un sentido sagrado
mientras, en la tiniebla transparente
de sus ojos, la luz pone un silbido.

❌ ❌ ❌

Calle de Mallorca

La vía

Típica calle del Eixample, la calle de Mallorca cruza toda la ciudad desde su arranque en Sants, en la calle Triadó, hasta el barrio del Clot, en la calle del mismo nombre. La vía está dedicada, naturalmente, a la isla de Mallorca, especialmente al hecho de su conquista por Jaume I en 1229, y forma junto a las paralelas València, Provença y Aragó, un grupo que pretende recordar el área de influencia catalana de la alta Edad Media. En el trazado de Cerdà ostentaba la letra J y pasó después por los nombres de Málaga y Nuria en sus últimos tramos. De hecho, hasta 1986 su trazado llegaba solo hasta la calle Rogent, al principio del barrio del Clot, donde varias líneas de tranvía tenían su final. Fue también en 1986 cuando se cambió el sentido del tráfico de las calles Mallorca y València.

Sin duda el tramo más importante de la calle Mallorca, desde el punto de vista ciudadano, es el que pasa ante el templo de la Sagrada Família y los parques adyacentes. Situado el conjunto entre las calles de Sicília y Lepant –de mar a montaña– ese tramo de calle se ha convertido en un referente ciudadano dominado por las altas torres del templo de Gaudí y decir calle Mallorca es sinónimo de Sagrada Família. Todavía hoy en día, las entradas al templo en construcción están precisamente en las otras tres calles que lo rodean, Marina –fachada del Nacimiento–, Sardenya –fachada de la Pasión– y el ábside en la calle de Provença, pero en la calle de Mallorca se construye ya la fachada de la Gloria que será la entrada principal del templo y está previsto el derribo de todas las construcciones en la manzana de casas que tiene delante, entre las calles Mallorca y València. La construcción del túnel del AVE, el Tren de Alta Velocidad, en el subsuelo de la calle Mallorca, por delante del templo, es objeto de controversia por el peligro que supone para la estructura del templo a pesar de las reiteradas manifestaciones de confianza de los responsables. No obstante, no existe solo la Sagrada Família en el trazado de esta calle, hay otros puntos de interés. Hacia el centro, en el pasaje Mercader, se abre un interesante y desconocido museo cerrado al público de momento, el de Historia de la Medicina de Catalunya, en los números 131 y 133 se encuentra el Mercado del Ninot, uno de los mercados municipales más antiguos y bien conservados y entre las calles de Enric Granados y Aribau, en el lado montaña, se encuentra la interesante biblioteca de los Amigos de la Unesco.

La anécdota

¿Qué puede pasar en una calle bendecida por la existencia del templo de la Sagrada Família? Pues, como en todas partes, puede pasar de todo. En el cruce de la calle Mallorca con la de Nàpols, apenas a doscientos metros del templo de Gaudí, se levanta todavía un edificio interesante que guarda parte de la historia de la ciudad. Se trata de un edificio catalogado como Art Decó, uno de los pocos que quedan en Barcelona, obra del arquitecto Antonio Puig Gairalt, con una magnífica puerta de hierro forjado y que ocupa gran parte de la manzana delimitada por las calles Mallorca, Nàpols, Provença y Sicília. Es la antigua fábrica de perfumes y colonias Myrurgia que pasó a la historia por un pavoroso incendio que la destruyó en gran parte el día 21 de junio de 1964, un incendio que fue seguramente el peor que ha vivido la ciudad aunque, por tratarse de un domingo, no hubo que lamentar víctimas aunque sí cuarenta bomberos heridos e intoxicados por los humos, que tuvieron que ser atendidos en los hospitales. Durante más de doce horas, unos ciento treinta bomberos y casi medio centenar de vehículos lucharon contra las llamas que en algún momento amenazaron con una tragedia sin precedentes a punto de alcanzar cuatro enormes depósitos de alcohol. Según publicó entonces el periódico *La Hoja del Lunes*, absolutamente todos los bomberos de Barcelona, los tres turnos más los que se encontraban de vacaciones o incluso de excedencia, participaron en las extinciones. La alarma se dio a las 9 y 15 de la mañana con la primera columna de humo que pareció salir de los laboratorios y el mayor peligro, centrado en los depósitos de alcohol, lo presentaba la inclinación de la calle Nàpols que podría haber hecho que el alcohol ardiendo descendiera prendiendo en los edificios adyacentes. Finalmente, pasadas las ocho de la noche, el incendio pudo ser controlado y durante días, en todo el barrio de la Sagrada Família flotó un perfume mezclado con el olor del edificio calcinado.

✄ ✄ ✄

Placeta de Marcús

La vía

La llamada Placeta de Marcús es apenas un cruce de calles en el barrio de la Ribera recuerdo de la Barcelona medieval en un barrio ocupado por los antiguos gremios de artesanos. A la Placeta de Marcús va a morir la calle Assaonadors (Curtidores) en un tramo que sobrevivió a la apertura de la calle Princesa en 1853 y en su lado montaña se abre a la confluencia de las calles Carders y Corders que forman una sola vía con la calle de la Boria desde la Ciutadella hasta la Vía Laietana. El entramado de Assaonadors, Carders (Cardadores) y Corders (Cordeleros), la plaza de la Llana y Blanqueria (Blanqueadores) además de otras desaparecidas o más lejanas dan fe de la pujanza del barrio relacionado con la industria textil. Desde la calle Carders se abría en lo que es hoy la Vía Laietana, una antigua vía romana secundaria que se mantuvo como camino de acceso a la ciudad. Al borde de ese camino se construyó en 1023 una iglesia dedicada a San Cugat y fue más adelante cuando se instalaron los fabricantes de cuerdas que dieron nombre a la calle Corders. Assaonadors data de una fecha anterior a 1447 cuando ya se encuentran documentos sobre la existencia de la calle y probablemente se remonta su existencia a 1257 o antes, pues ya tenían una representación en el Consejo Municipal de la ciudad frente al rey Jaume I.

En la diminuta placeta de Marcús se conserva una de las capillas más antiguas de la ciudad, la llamada igualmente Capilla de Marcús de sencillo y bello estilo románico. El nombre de la placeta y el de la capilla hacen referencia a un rico prohombre y banquero barcelonés del siglo XII llamado Bernat Marcús. En 1166, este banquero donó los terrenos y los fondos necesarios para construir la capilla, dedicada a la Virgen de la Guía, y un hospital para pobres y peregrinos que llevó el nombre de Boria. En reconocimiento a esta encomiable labor se le dedicó una de las placetas más pequeñas del barrio antiguo de Barcelona.

La anécdota

La donación de Bernat Marcús tiene también su historia, llámese leyenda o misterio. Se cuenta que, cuando Bernat Marcús era solo un próspero comerciante, todas las noches se le aparecía en sueños un ángel que le decía al oído: «Si vas al puente de Narbona harás una gran fortuna». En aquella época la comunicación entre Narbona, gran centro del comercio textil, y Barcelona era habitual, pero no dejaba de ser un largo viaje por lo que Bernat no se decidía a hacer caso a la aparición. Pero, el ángel se hizo tan insistente que, finalmente, Bernat Marcús se decidió a hacer el viaje dispuesto a ver qué le deparaba Narbona. Se instaló allí una temporada visitando de tanto en tanto el Pont dels Marchans, sobre el río Aude, lugar de reunión de comerciantes de telas y acceso a la ciudad desde la época romana. Finalmente, un día, otro paseante se acercó a él al darse cuenta que era un forastero y entablaron conversación. Bernat le confesó que estaba allí por un sueño absurdo pero que en breve volvería a casa y el hombre, narbonés, le confió que también tenía un sueño recurrente en el que un ángel le aconsejaba viajar a Barcelona, buscar la casa de un tal Marcus donde encontraría un tesoro de monedas de oro. ¿Me tendría que embarcar en un viaje tan largo por un sueño?

Marcús y su nuevo amigo acordaron que, desde luego, no valía la pena emprender semejante viaje por un sueño y Bernat Marcús salió inmediatamente para Barcelona. Llegado a su casa, la registró y excavó de arriba abajo hasta encontrar, efectivamente, un gran tesoro en monedas de oro bajo la escalera.

En agradecimiento a su gran suerte, Bernat Marcús construyó la pequeña capilla, el pequeño hospital y vivió rico y feliz el resto de su vida dando gracias a Dios y al narbonés que no creía en los sueños.

Calle de Marlet

La vía

El barrio del Call, entre la plaza de Sant Jaume y la Catedral, fue hasta el siglo XV el barrio judío de la ciudad donde confinaba a vivir a todos los adeptos de esta religión. El nombre de Call viene del hebreo *qahal* que significa lugar para reunirse o para estar juntos. Sus calles principales, la calle del Call, la de Sant Domènech del Call y Arc de Sant Ramon todavía se conservan como eran durante los siglos VII al XIV y entre ellas destaca la calle Marlet, donde subsiste la única sinagoga que queda en el barrio donde dicen los historiadores que llegó a haber cuatro. Marlet, nombre de una destacada familia cristina de la época, es el nombre con que se conoció a la calle, tras la persecución y expulsión de los judíos barceloneses en 1391, pero probablemente estuvo dedicada anteriormente al rabino Samuel Hasareri pues una inscripción datada en el año 692 así lo dice. Las calles del barrio del Call, y también la calle Marlet, son extraordinariamente estrechas debido a que a los judíos no se les permitía engrandecer el barrio y si tenían necesidad de ampliar sus casas no tenían más remedio que construir sobre la calzada, estrechando la calle.

La presencia de judíos de la diáspora en Barcelona se remonta probablemente a la expulsión de Palestina en tiempos del emperador Vespasiano y fue tras su última expulsión de Francia e Inglaterra hacia 1290 cuando se instalaron en mayor número en la Corona de Aragón. La colonia judía en Barcelona adquirió pronto un gran nivel por dos razones, primera que la religión hebrea impone el estudio de la Biblia, lo que hacía que la alfabetización fuera casi total mientras en las sociedades cristianas prácticamente era inexistente. En segundo lugar sólo los judíos podían prestar dinero según la ley, lo que les hacía ser los controladores de las finanzas y el sistema bancario. La peste y la hambruna de 1391 encontró en los judíos alguien a quien culpar y eso provocó un estallido de violencia en el Call, y en todo el reino de Aragón, con el asesinato en masa de los judíos y la conversión por la fuerza de los supervivientes, lo que prácticamente acabó con su presencia en Barcelona. Finalmente, el edicto de los Reyes Católicos de 31 de marzo de 1492 obligó a la conversión forzosa de los judíos y musulmanes en Castilla y Aragón bajo pena de expulsión y se estableció el 31 de julio de ese año como fecha tope para salir del territorio de la Corona para aquellos que no se convirtieran. Los pocos judíos barceloneses que quedaban salieron de la ciudad, algunos en dirección a Tortosa donde embarcaron con destino a Italia o al Imperio Otomano, y otros marcharon hacia el reino todavía independiente de Navarra.

La anécdota

La violenta persecución de los judíos de Barcelona, especialmente en 1391, hizo que rápidamente se perdiera la memoria histórica de su presencia y por supuesto que desaparecieran las sinagogas que habían funcionado en el Call. Curiosamente, la recuperación de la única sinagoga que aún puede verse en el barrio, la de la calle Marlet, ha sido obra de un argentino, Miguel Iaffa, descendiente de judíos lituanos y ucranianos por parte de padre y de una conversa catalana. El padre de Miguel, como cuenta él mismo, vino a España en 1937 para luchar contra el fascismo en las Brigadas Internacionales donde llegó a ser capitán sanitario dirigiendo un hospital de campaña cerca de Falset, en Girona. Ahí conoció a la que sería su esposa, y madre de Miguel y ahí nació Miguel Iaffa en 1939. Acabada la guerra, la amistad del padre de Miguel con un chófer del presidente argentino, Roberto Marcelino Ortiz, le salvó la vida y le permitió volver a Buenos Aires donde Miguel se crió en el seno de la familia paterna, fuertemente imbuida del judaísmo. En 1975, Miguel Iaffa se instaló en Barcelona tras realizar estudios medievales en París y se especializó en la tradición sefardí pues, al parecer, también la familia de su madre había sido judía, los llamados «conversos», convertidos por fuerza al cristianismo. Sus estudios y su inquietud le llevaron a emplear muchas horas paseando por el Call intentando descubrir pistas sobre la presencia judía hasta que un día de 1985, aplicando sus conocimientos y con la ayuda de una brújula descubrió en la calle Marlet una casa orientada hacia Jerusalén, con una estructura que le convenció que se trataba de antigua sinagoga. Iaffa encontró una confirmación de sus sospechas en el folleto del historiador Jaume Riera, «Catalunya y los judíos», donde se identificaba la misma casa basándose en un documento del año 1400.

En 1996, Miguel Iaffa compró el edificio, lo limpió e inició trabajos arqueológicos para recuperarlo que han contado siempre no solo con falta de colaboración, sino con una numantina resistencia de las autoridades municipales para reconocer la posibilidad de que se trate de una sinagoga. Cuenta que fue determinante la ayuda de sus amigos, la de Jaume Riera y durante cierto tiempo la de Pilar Rahola para llegar a la conclusión de que estaba ante la Sinagoga Mayor de Barcelona, cuya última construcción data del siglo XI, pero edificada sobre cimientos romanos de edad imprecisa que oscilan alrededor del siglo tercero, lo que la convertiría en una de las sinagogas europeas más antiguas.

Avenida Meridiana

La vía

Desde el punto de vista de la circulación rodada, la avenida Meridiana es una de las más importantes de la ciudad y debe su nombre a que está trazada de norte a sur siguiendo en la parte que cruza la ciudad, el meridiano que atraviesa Barcelona desde Dunkerke, una longitud de 2° 10' 20'' al este de Greenwich, el meridiano que se utilizó en 1791 para definir la longitud del metro, la medida de longitud del sistema métrico decimal. Parte la Meridiana desde uno de los extremos del parque de la Ciutadella, junto a la calle de Wellington, pero donde adquiere entidad como vía circulatoria es a partir de su cruce con la calle València, cuando pierde el paseo central del tramo desde la plaza de las Glòries. Su utilidad como vía rápida de salida de Barcelona ha hecho sacrificar otras características como el comercio o el lugar de paseo que aún conserva en ese tramo entre la plaza de las Glòries y la mencionada calle València. Su largo trazado hace que atraviese diferentes barrios como Sant Martí, el Clot, Sant Andreu y el Eixample dándole cada uno de ellos sus diferentes características en cuanto a la construcción o a los equipamientos que la rodean. A la altura de la calle Aragó, muy cerca de la parroquia de Sant Martí del Clot, se encuentra la mezquita de Hamza, una de las más antiguas de la comunidad musulmana barcelonesa y un poco más al norte, ya en Sant Andreu, está instalado el Centro Islámico de la ciudad. Hasta el año 1960 el tren de la línea del Norte, Pirineo-Puigcerdà, circulaba a cielo abierto por gran parte de su trazado.

La anécdota

El día 19 de junio de 1987, una tremenda explosión sacudió el inmueble que ocupa el número 350 y 358 de la avenida Meridiana. La explosión, devastadora, la provocó un coche-bomba, un Ford Sierra en cuyo maletero había treinta kilos del explosivo amonal más otros 25 de napalm, un explosivo incendiario usado en acciones de guerra en Corea y Vietnam, más unos cien litros de gasolina, todo ello pensado para causar el mayor daño posible a las personas que se encontraran en aquel momento en las cercanías. El objetivo fue el hipermercado Hipercor situado en los bajos del edificio. Pasadas las cuatro de la tarde, cuando estaba lleno a rebosar de clientes, en su mayor parte mujeres y niños pequeños, se recibió una llamada avisando de la existencia de la bomba. El aviso apenas si precedió en unos minutos a la explosión y el resultado fue de 21 muertos, la mayoría abrasados por el enorme incendio y 45 heridos de los que una veintena quedaron inválidos en diferentes grados. La composición del artefacto, incluyendo colas que hacían pegarse al cuerpo la gasolina ardiendo, y el hecho de que se avisara sin tiempo material para desalojar el edificio, estaba indudablemente pensado para hacer el mayor daño posible. Los autores del atentado, Santiago Arrospide y Rafael Caride, reían y bromeaban entre sí durante su juicio celebrado en julio de 2003.

✖ ✖ ✖

Plaza Molina

La vía

La plaza Molina ha sido desde siempre un punto importante en el esquema de comunicaciones del distrito de Sarrià-Sant Gervasi. Este distrito, suma de los antiguos municipios agregados a Barcelona, Sarrià en 1921, Vallvidrera-Les Planes anexionado a Sarrià en 1890, y Sant Gervasi de Cassoles en 1897, es un barrio residencial influido por la cercanía del parque de Collserola, el pulmón de la ciudad. La plaza Molina resulta del cruce de dos importantes vías: la Vía Augusta y la calle Balmes que la unen al centro de la ciudad, con un intenso tráfico y una vida comercial de gran impacto en la zona, y está situada en el extremo más bajo del distrito junto al barrio del Putxet.

El nombre de la plaza, fechada en 1867, hace referencia a Francesc Daniel Molina i Casamajó, arquitecto y urbanista nacido en Vic en 1812 y fallecido en Barcelona en el año 1867. Molina fue el diseñador de la plaza Reial y de la plaza del Duc de Medinaceli. Fue también uno de los arquitectos que se presentaron al concurso para desarrollar el Eixample de Barcelona que acabó otorgándose a Cerdà.

En el subsuelo de la plaza Molina existen dos estaciones suburbanas, ambas pertenecientes a los Ferrocarrils de la Generalitat de Catalunya. La primera de ellas es la denominada Sant Gervasi que pertenece al bloque de líneas agrupadas como metro del Vallès que dan servicio a esa comarca barcelonesa uniéndola a las líneas de metro. La segunda es la estación llamada plaza Molina, asimilada como línea 7 del metro barcelonés. La estación de Sant Gervasi data de 1929 cuando se soterró la línea de ferrocarril de Sabadell y Terrassa. La de la plaza Molina se inauguró en 1954 cuando se abrió el ramal que desde la estación de Gràcia llega hasta el Tibidabo.

La anécdota

El 11 de febrero de 1939, a las ocho de la mañana, un tren de los Ferrocarrils de la Generalitat que circulaba cargado de viajeros hasta los topes embistió a otro tren parado en la estación de Sarrià, y continuó su loca carrera a toda velocidad hasta colisionar con otro convoy en la de Sant Gervasi. El trágico resultado fue de 36 muertos y 130 heridos. Muchos de los muertos y heridos se produjeron cuando los ocupantes del tren descontrolado, que vieron la inminencia del choque, se lanzaron a la vía con el convoy a toda velocidad.

Hacía apenas dos semanas que las tropas rebeldes de Franco habían entrado en Barcelona, la guerra aún tardaría casi dos meses en terminar y la férrea censura franquista impidió que se conocieran en profundidad los resultados o las causas del accidente. Lo más probable es que se tratara de un exceso de peso del convoy y por tanto los frenos no pudieran detener su inercia, aunque nunca hubo ninguna investigación ni se pidieron responsabilidades. También era un hecho que el material ferroviario de la Generalitat estaba muy deteriorado por la falta de mantenimiento a consecuencia de la guerra y de la penuria general de la zona republicana. Solo La Vanguardia publicó una escueta nota dando cuenta de «algunas víctimas».

✖ ✖ ✖

Moll de la Fusta

La vía

Entre 1885 y 1889, siendo alcalde de Barcelona Rius i Taulet, la ciudad tuvo un gran impulso relacionado con la Exposición Universal de 1888. Uno de los grandes avances urbanísticos fue la remodelación del frente marítimo, desde el parque de la Ciutadella hasta la Rambla, que contó con la apertura del paseo de Colom y su vertiente marítima, el Muelle de la Madera, Moll de la Fusta. El 1 de junio de 1888 fue inaugurado el monumento a Colón, construido en el arranque del paseo y del nuevo muelle. Como parte del conjunto se inauguró también el servicio marítimo conocido desde entonces como «Las golondrinas», pequeños barcos de pasajeros ideados para pasear turistas y visitantes por las dársenas y ofrecer una visión de Barcelona desde el mar.

El nombre tenía que ver por el hecho de que, hasta bien entrada la década de los setenta, se descargaba en ese muelle la madera importada de África, aunque ya en la década de los ochenta se empezó a utilizar más como punto de atraque de barcos de recreo, dado que al otro lado de la dársena se encuentran el Real Club Náutico y el Club Marítimo.

En 1987, dentro de los intensos trabajos para preparar la ciudad con vista a la Olimpiada de 1992, se remodeló todo el muelle intentado crear una zona de ocio que tuvo una corta vida de la que prácticamente solo se salvó la escultura de la gamba de Javier Mariscal. Construido en dos niveles, se ha transformado en un paseo peatonal abierto al mar en cuyos muelles se pueden ver de tarde en tarde magníficos yates y que el Museo Marítimo ha utilizado para atracar el paquebote Santa Maria, del siglo XVIII, un restaurado navío de tres palos.

La anécdota

Uno de los atractivos del Moll de la Fusta desde los años cincuenta, había sido una reproducción de la carabela Santa Maria que, al parecer, se construyó alrededor de 1928 en los astilleros de Cádiz, siguiendo planos y técnicas de la época de construcción del original.

Un halo de misterio ha rodeado siempre a la famosa reproducción de la nave capitana de Cristóbal Colón, tanto de su origen y construcción como de su desaparición en 1987, al hilo de la Barcelona Olímpica y de la construcción del complejo Maremagnum. Para empezar, aparte del origen en los astilleros de Cádiz, siempre hubo controversia sobre si era una fiel reproducción o era una simple aproximación para rodar una película, pero lo cierto es que el Museo Marítimo de Barcelona la adoptó como parte de sus activos y se podía visitar al tiempo que el Museo situado muy cerca, en las antiguas Atarazanas. El día 13 junio de 1987, en plena fiebre constructora de la Barcelona Olímpica, estallaron dos artefactos explosivos de escasa potencia en el interior de la nave. La organización Terra Lliure, que se proclamó autora del atentado, dio como explicación algo así como que el barco era una representación del imperialismo español y de la persona non grata de Colón –por cierto revindicado a veces como de origen catalán– por no se sabe exactamente qué motivo. El caso es que mientras se construía la pasarela que debía unir el Moll de la Fusta con el complejo lúdico Maremagnum, no parecía una buena idea dejar allí la carabela que se estaba erigiendo como motivo de discordia y campo de batalla.

De un modo muy discreto, se retiró la Santa Maria de su emplazamiento y corrió la voz de que estaba muy deteriorada por su larga estancia en aguas del puerto y por los daños del incendio posterior a la explosión. Sin embargo ninguno de esos motivos fueron nunca confirmados y los rumores apuntan más bien a que su retirada fue una decisión política. Los restos de la reproducción de la Santa Maria, más o menos fieles, descansan en algún lugar del fondo del Mediterráneo frente a la Costa Brava sirviendo de vivienda a especies marinas y de entrenamiento para buceadores.

※ ※ ※

Calle Montseny

La vía

Desde la calle Gran de Gràcia hasta Torrent de l'Olla se extiende la calle Montseny, corta pero cargada de historia, y una de las más significativas del barrio de Gràcia. A partir del Torrent de l'Olla cambia su nombre para convertirse en La Perla, un cambio de nomenclatura que tuvo lugar en 1858. El nombre de la calle, Montseny, se refiere desde luego al macizo montañoso de la cordillera prelitoral de Barcelona, un majestuoso monte cuyo pico más alto es el Turó de l'Home a 1.707 metros sobre el nivel del mar.

Antes de 1900 la calle se conocía como Àngel y remontándose más atrás en el tiempo toda la zona era conocida como «els hortets» (los huertecitos). Entre los números 31 y 39 existe desde 1879 la escuela Sant Josep, una de las más antiguas y prestigiosas del barrio y a unos pasos de Montseny. El punto más importante de la calle Montseny ha sido durante muchos años el Teatre Lliure, desde 1976 hasta su traslado a Montjuïc en 2001 ocupando el antiguo edificio del Palacio de Agricultura. La sede ocupada por el Teatre Lliure desde 1976 fue anteriormente uno de los centros culturales más importantes del barrio de Gràcia. Allí se fundó en 1892 la Cooperativa La Lealtad, integrada por antiguos socios del gremio de Tejedores a Mano. En el momento de su fundación contó con 325 socios y llegó a superar los 500 en sus mejores momentos. Al estilo de las cooperativas de la época, con un fuerte componente utópico y un tanto ácrata, la Cooperativa ofrecía a sus socios servicios como economato y ofertas culturales, desde un equipo de fútbol, el Gracienc, hasta baile y coros al estilo de los formados por Anselm Clavé. Como la mayor parte del movimiento cooperativista, entró en decadencia tras la Guerra Civil hasta que la llegada del Lliure le sacó del anonimato. Del paso del Lliure por la calle Montseny ha quedado una profunda huella y después de muchas discusiones –políticas– el local, muy deteriorado, fue reformado en 2007 para volver a utilizarlo con fines culturales. En él ha quedado la huella de Fabià Puigserver, otro «gracienc» de adopción que desarrolló allí su labor artística como fundador del Teatre Lliure.

La anécdota

A la altura del número 28 de la calle Montseny, en dirección a Barcelona, se abre la pequeña calle del Sol donde se encuentra uno de los edificios más notables de la zona, el Oratorio de Sant Felip Neri, construido por los frailes franciscanos en el siglo XVII, una continuación del ya existente en Barcelona. Se trata de un conjunto arquitectónico al que el arquitecto Josep Artigas añadió una fachada principal de tres cuerpos. Por este oratorio pasó uno de los personajes más singulares, por su trayectoria, que han vivido en el barrio de Gràcia: Pere Tarrés i Claret. Nacido en Manresa en 1905, Pere Tarrés se instala en el barrio de Gràcia en 1921.

Católico y conservador, se integra en el Oratorio de Sant Felip Neri desde donde, auxiliado por su buen carácter, empieza a desarrollar una intensa campaña de proselitismo y adoctrinamiento en un barrio eminentemente revolucionario y anticlerical, mientras realiza sus estudios de medicina. El estallido de la Guerra Civil le sorprende en el monasterio de Montserrat, de ejercicios espirituales, y regresa inmediatamente a Barcelona donde debe ocultarse durante meses dada su significancia como católico. Pasados los primeros meses revolucionarios, Pere Tarrés, ya prestigioso médico, se enrola en el Ejército de la República como médico desarrollando una gran labor en el frente lo que le hace merecedor de los galones de capitán concedidos por los combatientes a sus órdenes.

En enero de 1939, de vuelta a Barcelona pocos días antes de la entrada de los «nacionales», retoma su actividad como médico y en septiembre de ese mismo año ingresa en el seminario, reabierto por los nuevos poderes públicos. Ya sacerdote se dedica sobre todo a la protección de mujeres desvalidas y el 31 de agosto de 1950, con solo 45 años, falleció a causa de un cáncer dejando huella de su gran valía reconocida por los dos bandos de la Guerra Civil.

�## ✖ ✖ ✖

Calle de Mossèn Quintí Mallofrè

La vía

Una corta calle comunica en el barrio de Sant Andreu la calle de Santa Coloma y la del Segre, dos vías importantes que confluyen un poco más lejos, y a un tiro de piedra del Centro Juvenil de Sant Andreu. Es la calle dedicada a Mossèn Quintí Mallofrè i Suriol, sacerdote nacido en Sant Quintí de Mediona en 1876 y muerto, asesinado, en 1936 cuando era ecónomo de la parroquia de Sant Andreu de Palomar. La calle, sin nada que destacar salvo un notable edificio de los años veinte en la esquina de la calle Virgilio, forma parte de un entramado no carente de encanto en el barrio de Sant Andreu. La calle presenta en sus edificios un conjunto que podríamos llamar ecléctico, desde pequeñas construcciones de una planta que recuerdan su origen obrero a finales del XIX hasta edificios de moderna planta con una variedad notable. Está rodeada por calles verdaderamente encantadoras como las peatonales Doctor Santponç, Liuva y Borriana o el tramo de la calle Santa Coloma que resulta un auténtico túnel arbolado, con una increíble sensación de paz.

Por esas cosas de la vida, la calle Mossèn Quintí Mallofrè ha pasado a la crónica negra de Barcelona y no solo por el desgraciado accidente que en 2006 costó la vida a un hombre de 77 años a causa de una explosión de butano.

La anécdota

El día 4 de julio de 2006, la policía barcelonesa detuvo en un bar, frente a una máquina tragaperras, a una mujer de 50 años llamada Remedios Sánchez Sánchez que pronto iba a ser tristemente famosa. La mujer vivía en un ático de la calle Mossèn Quintí Mallofrè y trabajaba de cocinera en un bar mientras llevaba una tétrica actividad paralela. Remedios fue a parar a la cárcel, sin fianza posible, acusada del asesinato de cuatro ancianas, cinco asesinatos frustrados y ocho robos cometidos en apenas un mes entre mayo y julio de ese año. Según las pruebas acumuladas por los Mossos d'Esquadra, Remedios se acercaba con suma amabilidad hasta sus víctimas, siempre ancianas solas de alrededor de ochenta años y se ganaba su confianza para posteriormente asesinarlas con extraordinaria violencia, estrangulándolas o asfixiándolas, y desvalijando después las viviendas

Finalmente, la Audiencia de Barcelona la condenó a diecinueve años de cárcel por cada uno de los tres delitos probados de asesinato, trece años por cuatro delitos de tentativa de asesinato, siete años por una quinta tentativa, y cuatro años por siete delitos de robo con violencia, además de dos meses de multa por un hurto. El Tribunal consideró que la acusada era plenamente consciente de sus actos a pesar de su evidente ludopatía y que no tenía verosimilitud su alegación de que la autora de los hechos era una enfermera argentina a la que, decía, le había alquilado una habitación en el piso de la calle Quintín Mallofrè, algo que se demostró como falso.

Calle de Muntaner

La vía

A Ramon Muntaner de Sesfàbregues, nacido en Peralada en 1265 y muerto en Ibiza en 1336, le ha correspondido una de las calles más largas e interesantes del Eixample barcelonés que va más allá de la retícula ideada por Cerdà. Muntaner, cronista medieval, camarlengo del rey Jaume III, capitán de almogávares y alcalde de Ibiza, es titular de una calle que va desde la ronda de Sant Antoni, donde estaba la antigua muralla de Barcelona, hasta lo más alto del barrio de Sant Gervasi, frente al complejo del colegio La Salle de la Bonanova. Conocida como la número 23 en el Pla Cerdà, se le fueron incorporando las calles Garriga, en 1874, San Jerónimo, en 1863 y Collbató, en 1907, que le dieron cierta sinuosidad al último tramo desde la actual ronda del Mig y una notable pendiente.

Como en muchas otras calles de la ciudad, la historia ha dejado mella en ella, unas veces en la realidad y otras en la ficción y una de estas ficciones se sitúa en el número 38, junto a la calle Diputación. Con ese nombre *Muntaner 38* escribió una novela José A. Garriga Vela, novelista y dramaturgo, con la que ganó el premio de novela de Jaén 1996; la historia de una familia de la época de la Guerra Civil española en la que Catalunya fue duramente castigada.

Mucho más arriba, en la esquina de la calle Laforja, se levanta el edificio de la mundialmente famosa Clínica Barraquer. La clínica fue fundada por Ignasi Barraquer en 1939 y contaba en sus inicios con 100 camas y laboratorios de investigación equipados con los instrumentos más modernos. En 1947, junto con su esposa, fundó el Instituto Barraquer, dedicado fundamentalmente a la docencia, investigación, así como a la difusión de nuevos tratamientos y en 1973 se fundían la clínica y el instituto en el Centro de Oftalmología Barraquer que ocupa el primitivo edificio en la esquina de Muntaner con Laforja aunque con diferentes añadidos de edificios colindantes.

La anécdota

El 28 de abril de 1936, tres meses antes de estallar la Guerra Civil, en la esquina de la calle Diputació y Muntaner tuvo lugar un suceso histórico, la muerte de los hermanos Badía, Miquel y Josep, activistas del movimiento Estat Català fundado por Francesc Macià, enfrentados violentamente a los anarquistas y al movimiento obrero.

Miquel Badía, independentista partidario de la línea violenta y miembro del grupo terrorista La Bandera Negra, había liderado la represión contra la CNT y la FAI en años anteriores y había participado en un atentado frustrado contra Alfonso XIII, en plena dictadura de Primo de Rivera, por el que fue condenado a doce años de cárcel. Después de cinco años que cumplió en Alcalá y en Ocaña fue amnistiado en 1930 tras la caída del dictador y en 1931, con la llegada de la República, fue nombrado jefe de las Juventudes de Estat Català. En 1933 fue Secretario General de Orden Público en Catalunya y en marzo de 1934 jefe superior de la policía desde donde inició la represión contra la CNT y la

FAI. Tras la revolución de octubre de 1934 se exilió y retornó en 1936, tras el triunfo del Frente Popular, intentando reorganizar las Juventudes de Estat Català que ya se había integrado en Esquerra Republicana.

El día de su muerte, sobre la una y media de la tarde, salía de su casa en la calle Muntaner número 36, acompañado por su hermano Josep cuando sufrieron el ataque de cuatro elementos de la FAI, Manuel Costas, Ignacio de la Fuente, José Villagrasa y Justo Bueno, que les acribillaron a balazos. Según parece, el objetivo era solo Miquel, con muchos asuntos pendientes con los anarquistas, pero los pistoleros no dudaron en matar también a su hermano.

✖ ✖ ✖

Calle del Notariat

La vía

La Guía del Patrimonio Histórico y Artístico de los pueblos de Catalunya cita a las calles Notariat (Notariado) y Doctor Dou como resultado del derribo de los conventos del Carme y de Elisabets y la urbanización de la zona a mediados del siglo XIX. La calle Notariat, despejada y luminosa hoy en día, comunica la calle de Elisabets con la dedicada al Pintor Fortuny en un trazado muy corto con edificios muy característicos de la época, con alturas de cinco pisos y elegantes fachadas.

La mayor parte fueron construidos entre 1875 y 1888 y destacan en su trazado la casa Lluís Gaspar en el número 6, obra de Narcís Aran, la casa Jaume Jesús, en el número 9, obra de Francesc Barnola y la casa Lluís Puig Sevall, en el 10, construida por Joan Valeri Anglà.

Desde su apertura hasta 1884 llevó el nombre de pasaje de Fortuny, pero a partir de enero de 1884 se le adjudicó el nombre de Notariado porque en 1882 se instaló en ella, en el número 4, el Ilustre Colegio de Notarios en un edificio ampliado en 1929 y remodelado y modernizado en 1992. La instalación del

Colegio Notarial de Barcelona, creado en 1395 por el rey Juan I, dio a la pequeña calle un gran prestigio, compartido con las calles adyacentes de Doctor Dou, Elisabets y Els Àngels que forman hoy en día una de las zonas más vitales y elegantes de la antigua Barcelona con la cercanía del MACBA (Museo de Arte Contemporáneo), el CIDOB (Centro de Documentación) y otros centros culturales como la Fundació Mercè Rodoreda.

La anécdota

En el segundo piso del número 7 de la calle del Notariat, vivió con su familia entre 1887 y 1889 o tal vez hasta 1890, el ilustre Premio Nobel de Medicina don Santiago Ramón y Cajal. Está suficientemente documentado que Ramón y Cajal tomó posesión en diciembre de 1887 de la Cátedra de Histología e Histoquímica de la Universitat de Barcelona, pero no estaba tan claro donde vivió durante su estancia en la ciudad que se prolongó hasta 1891 en que se trasladó a Madrid y en la que ocupó diversas residencias.

Está comprobado que residió en la calle Notariat, cercana a la Facultad de Medicina que estaba entonces en el Hospital de la Santa Creu, porque según investigaciones de su admirador y estudioso Diego Ferrer, hay constancia del acta de defunción de su hija de 2 años, Enriqueta, fechada el 23 de junio de 1889 en dicha calle. Se da la circunstancia que fue en Barcelona, viviendo en la calle del Notariat y trabajando en el hospital de la Santa Creu, donde Ramón y Cajal desarrolló la teoría neuronal que le valió el Premio Nobel de Fisiología y Medicina en 1906. En el edificio en que vivió en esa época, en la

Portería del edificio donde vivió el premio Nobel de Medicina Santiago Ramón y Cajal entre los años 1887 y 1890.

EN AQUESTA CASA,
S. RAMÓN Y CAJAL
(1852-1934) EN 1888
HI DESCOBRÍ LA TEORIA
DE LA NEURONA.
LA CIUTAT HO REMEMORA
EN EL CINQUANTÈ ANIVERSARI
DE LA SEVA MORT.

Detalle de la placa que decora la fachada del número 7 del calle del Notariat.

calle Notariat, hay una placa que lo recuerda, colocada en 1984, pero también se sabe con seguridad que vivió en la calle Riera Alta, en la calle Bruc y en el número 304 de la calle Consell de Cent, ésta última por constar en ella el nacimiento de un niño en noviembre de 1991 al que pusieron el nombre de Luis Ramón.

El mismo Ramón y Cajal, en su autobiografía, señala el año 1888, trabajando en Barcelona, como su «año cumbre», cuando descubrió los mecanismos de las células nerviosas y del sistema nervioso en general.

Calle Nou de la Rambla

La vía

En 1788, el capitán general de Catalunya y corregidor del Rey en Barcelona, Francisco González de Bassecourt, conde del Asalto, ordenó la apertura de una nueva vía de comunicación que comunicara el sector de la ciudad comprendido entre la Rambla y las estribaciones de la montaña de Montjuïc ya fuera de la muralla. En la memoria colectiva, la actuación del Conde del Asalto ha salido bien parada pues además de preocuparse por la expansión de la ciudad, el Capitán General se negó a reprimir a la ciudadanía en un levantamiento en 1789 por lo que fue fulminantemente destituido. Al abrir la nueva vía se le puso el nombre del Conde del Asalto, pero el pueblo llano la llamó desde el primer momento Carrer Nou de la Rambla (Calle Nueva de la Rambla). Ese nombre le fue reconocido oficialmente en 1931, retirado otra vez en beneficio del Conde en 1939 y vuelto a recuperar en 1979. La calle arranca en la Rambla, como queda dicho, por debajo de la calle Unió y atraviesa el barrio del Raval con un trazado casi recto que cruza la avenida del Paral·lel y se interna en el actual barrio del Poble Sec. Víctor Balaguer, en su obra sobre las calles de Barcelona, señala que en ella vivió el literato José Antonio Llobet y dejó en ella su magnífica biblioteca de más de tres mil volúmenes. La calle termina en el paseo de la Exposición que rodea la montaña de Montjuïc. A escasos metros, en la avenida del Paral·lel existe todavía la Sala Apolo, uno de los locales de teatro y music hall más destacados del antiguo «Paralelo» barcelonés y en el número 113 de la calle Nou de la Rambla se ha abierto recientemente su «sucesor» Apolo 2.

La anécdota

Poco a poco, los refugios subterráneos construidos durante la Guerra Civil para protegerse los bombardeos de la aviación franquista, se van recuperando para satisfacción de la memoria histórica. En el número 169 del la calle Nou de la Rambla, se ha abierto al público el refugio numerado como 307, excavado en la ladera de la montaña de Montjuïc.

Se trata de una construcción de 200 metros de larga, excavada como una galería de mina, con túneles de bóveda de 2,10 metros de altura y entre 1,5 y 2 metros de anchura. Contaba cuando se abrió en junio de 1937 con instalaciones básicas, como una enfermería, un botiquín, una sala para los niños, lavabos, una fuente e incluso una chimenea. En aquel túnel construido por los propios vecinos, obreros y pequeños campesinos, llegaron a protegerse de las bombas unos 2.000 vecinos en los peores momentos de los

El refugio 307 salvó muchas vidas de los bombardeos que sufrió la ciudad durante la Guerra Civil.

bombardeos y finalizada la guerra aún se utilizó algún tiempo como almacén e incluso para cultivar champiñones. Muy cerca, en la plaza Navas, la construcción de un aparcamiento subterráneo ha sacado a la luz lo que podría ser otro de los refugios antiaéreos del barrio, cuya entrada podría estar en la calle Bonaplata.

✄ ✄ ✄

Avenida del Paral·lel

La vía

La avenida del Paral·lel es una larga vía que comunica la plaza de Espanya con el puerto y las antiguas atarazanas donde todavía se construían buques a principios del siglo XIX. Según el nomenclátor de calles de la ciudad de Barcelona, fue inaugurada oficialmente el 8 de octubre de 1894, siendo alcalde de la ciudad Josep Collaso i Gil, destacado miembro del Partido Liberal que, entre otras cosas, abrió la primera escuela municipal e introdujo la obligatoriedad de la inspección sanitaria en todas las escuelas de la ciudad. No obstante, el trazado de la avenida data de 1859 siendo alcalde Josep Santamaría, siguiendo el Plan de Ildefons Cerdà ideado en 1855. El nombre de la vía proviene del hecho de que su trazado, exactamente de este a oeste, sigue un paralelo terrestre, el de 41 grados, 22 minutos y 34 segundos, situado en la latitud norte y como todas las vías de la época, inició su andadura como una calle sin adoquinado y mucho menos asfalto. Su urbanización fue muy posterior, en 1929, como resultado de la Exposición Universal de 1929 que tantos beneficios trajo al desarrollo de Barcelona. A un lado de la avenida, el oeste, quedó el barrio del Poble Sec trepando por la ladera de Montjuïc con sus huertos e infinidad de pequeños talleres.

Al otro lado, al este, quedaba lo que hoy conocemos como la ciudad antigua, pero hacia su zona central, la ronda y la calle Sant Pau, creció también lo que se conoció hasta los años setenta como «el barrio chino», complemento de la vida alegre de los cabarets y los espectáculos.

El desarrollo del Paral·lel y sus alrededores fue muy rápido durante el siglo XIX y sobre todo a principios del XX combinando infinidad de fábricas y talleres, de lo que no queda nada, con los teatros, cabarets y cafés que lo llenaron casi de inmediato.

El arranque del Paral·lel, la plaza de Espanya, lo conectaba con el barrio obrero de Hostafranchs. La vida de lo que siempre se ha conocido como «el Paralelo» a pesar de sus cambios de nombres, empezó a girar alrededor del sexo de pago, el alcohol a raudales y los espectáculos cada vez más atrevidos pensados, sobre todo, para obreros en sus pocas horas de descanso y los cientos de marineros que transitaban por el puerto de Barcelona. Pronto, la presencia de parejas de la Guardia Civil vigilando el lugar y de reuniones anarquistas formó parte del paisaje.

En esa mítica vía se han visto locales como El Molino, el Teatro Español –abierto como Teatro Circo Español– Sevilla, Rosales, Delicias, Víctoria, o el Teatro Nuevo que fue el primer Cinerama inaugurado en España, hasta llegar a estos tiempos donde apenas si resiste la fachada de El Molino, el Apolo o el Bagdad.

El Molino, conocido en su apertura como La Pajarera Catalana y luego como El Petit Moulin Rouge, es todavía hoy una muestra de lo que fue el Paral·lel hasta la Guerra Civil.

La anécdota

Las anécdotas alrededor de la avenida del Paral·lel serían interminables, como por ejemplo la infinidad de artistas que pasaron por El Molino o el Español, sin embargo hay un hecho poco conocido y muy destacable. Uno de los locales más famosos del Paral·lel de los años veinte y treinta fue, paradójicamente, no un cabaret, sino un bar de

Barricadas en la avenida del Paral·lel durante la Guerra Civil española.

clase obrera, el bar La Tranquilidad que, al contrario de lo que su nombre indica, fue un foco revolucionario y con frecuentes peleas, lugar de reunión de lo más granado del sindicato anarquista, la CNT y la élite de la lucha ácrata, la FAI (Federación Anarquista Ibérica). El local se abrió como un cobertizo para tomar vinos y poca cosa más en 1901, en la esquina del Paral·lel con lo que hoy es Nou de la Rambla y en 1910 se trasladó a lo que sería su emplazamiento definitivo en el número 69, junto al Teatro Víctoria.

Por ese local pasaron ilustres anarquistas como García Oliver o Buenaventura Durruti y desde luego con mucha frecuencia la Guardia Civil. Curiosamente, el día 19 de julio de 1936 cuando Barcelona luchaba contra la rebelión militar de Francisco Franco y otros generales, La Tranquilidad se convirtió en un improvisado hospital donde se depositaban los sindicalistas heridos en el cruento asalto a las dependencias militares de las atarazanas y el edificio del Gobierno Militar, donde se habían atrincherado los rebeldes. Al día siguiente, 20 de julio, evacuados ya los heridos y sofocada la rebelión, La Tranquilidad volvió a ser el ruidoso local de vinos que había sido siempre.

✹ ✹ ✹

Calle de Pere IV

La vía

La antigua carretera de Mataró que partía desde el barrio de la Ribera –de la Ciudadela a partir de 1715– conducía desde Barcelona hasta dicha ciudad de la comarca del Maresme, atravesando campos y los antiguos pueblos de Sant Andreu del Palomar y Sant Martí de Provençals. Cuando la gran expansión industrial del barrio, a mediados del siglo XIX, se fueron formando barrios industriales y obreros como el de la Plata –entre las calles Wad-Ras y Badajoz– el de Icària y el núcleo central del Poblenou, la carretera pasó a llamarse Pere IV en la mayor parte de su trazado. En el barrio se instalaron infinidad de fábricas y talleres como Ca l'Aranyó, Can Felipa, Can Saladrigas, Torelló, Muntadas, Nubiola, Casas i Jover y muchas más ofreciendo un aspecto de barrio trabajador que se ha mantenido hasta la explosión de la Barcelona Olímpica de 1992, pero las obras de la nueva Barcelona apenas si tocaron la estructura de la calle Pere IV que sigue manteniendo su aspecto obrero e industrial. Afirman algunos estudios que hasta mediado el siglo X, el mar llegaba más o menos hasta el trazado de la antigua carretera de Mataró y que la acción del río Besòs es la responsable de ganar terrenos al mar.

Hasta bien entrada la edad moderna, era un terreno insalubre, de pantanos y lagunas que se fueron desecando poco a poco mientras se iba construyendo la carretera de Mataró. El nombre adjudicado, Pere IV, corresponde al condestable de Portugal, hijo de Pedro, Duque de Coimbra que era a su vez segundo hijo del rey de Portugal casado con la hija mayor de Jaume II. Pere IV fue llamado para reinar en Aragón y proclamado rey en Barcelona en 1463. Falleció en 1466 y sus restos reposan en Santa Maria del Mar.

La anécdota

En 1890, un jueves 31 de julio, un horrendo crimen sacudió a Sant Martí de Provençals, convertida ya en parte de Barcelona y en un núcleo obrero e industrial. Ese día aparecieron en una casa de la antigua carretera de Mataró, muy cerca de la fábrica Mateu Torelló, los cuerpos sin vida de dos niñas, una de cinco años, Carmen, hija de un obrero de la fábrica apellidado Serrat y otra de diez, llamada Teresa, que se encargaba de cuidar a Carmen y a su hermano de seis meses. Las dos niñas aparecieron bárbaramente degolladas y la casa revuelta y con indicios de haber sufrido un robo. La policía detuvo a los pocos días a tres jóvenes sospechosos de haber cometido el crimen, pero muy pronto pusieron en libertad a dos de ellos y llevaron ante al juez al tercero, Isidre Mompart i Prats, un joven de 22 años del mismo barrio que se confesó autor de los hechos. Mompart había entrado a robar a la casa cuando vio salir a la madre de las criaturas, Rosa, pero cuando estaba en plena faena descubrió que las dos niñas le estaban mirando. Ante el miedo de que gritaran o que le acusaran las asesinó a cuchilladas y huyó después dejando cerrada la puerta de la casa. Condenado a muerte fue encerrado en una prisión en Santoña hasta que se le reclamara para que fuera cumplida la sentencia. La ejecución, mediante garrote vil, tuvo lugar en público, como era costumbre en la época, en el llamado Pati dels Corders (Patio de los Corderos) delante de la cárcel Amàlia el día 17 de enero de 1892.

✖ ✖ ✖

Calle de Perot lo lladre

La vía

Curiosa calle ésta dedicada a un ladrón, cerrada con una reja y en dos tramos en ángulo recto. Es la de Perot lo lladre (Perot el ladrón) una de las calles más interesantes de Barcelona por lo que encierra de historia. Situada a la derecha en la calle Portaferrisa, tal y como se entra desde la Rambla, el brazo más corto del ángulo va a parar a la calle del Pi, muy cerca de la plaza y la iglesia del mismo nombre. Es una pequeña y estrecha calle que suele pasar desapercibida junto a una vía abigarrada y llena de interesantes comercios y de turistas como es Portaferrisa. El nombre de Perot lo Lladre se atribuye a un profesional del asalto a los caminantes, un bandolero llamado Perot Rocaguinarda, que forma parte de la banda de Roque Guinart, una especie de Curro Jiménez o de Robin Hood que operaba en la sierra del Monseny con el nombre de Los Nyerros.

Perot era natural de Orista, un pequeño caserío cerca de Vic y de ese lugar y de Roque Guinart, habla incluso Cervantes en El Quijote. Al hilo de esta historia se dice que Pere Rocaguinarda consiguió una amnistía a condición de su alistamiento en el Ejército y su marcha a Italia, algo que hizo y donde llegó incluso a capitán. Hasta ahí la historia, más o menos, aunque el historiador Roca i Comas afirma que la calle ya se llamaba así antes de la aparición de Perot y que es más que probable que el nombre viniera por Pedro Ladrón Ridaure, un caballero aragonés gran amigo del rey Jaume II.

La anécdota

Si rocambolesca parece la historia de Perot Rocaguinarda, más lo es alguna de las historias apócrifas que han crecido a su alrededor. Se cuenta que el nombre a ese curioso callejón se le puso porque en el lugar, antes de construirse en las calles adyacentes, había una cueva que es donde solía esconderse Perot en sus incursiones barcelonesas, aunque la zona de operaciones de la banda era el macizo del Montseny, pero ya se sabe la movilidad de las partidas de bandoleros o de guerrilleros. Pero lo más curioso es la leyenda alrededor de la cercana iglesia del Pi que recoge Joan Amades en su *Historias y leyendas de Barcelona*. Cuenta Amades que una vez un sacerdote hizo una misa sin monaguillo que le ayudara. Murió al cabo de unos días y debido a aquella misa mal celebrada, fue a parar al Purgatorio de donde no podía salir hasta volver a celebrar otra misa con ayudante. Así pues, cada noche, a las doce, se presentaba el alma del difunto ante el altar mayor y recitaba lastimeramente: ¿Quién me ayudará? Corrió la voz y el miedo por el vecindario y nadie se atrevía a entrar en la iglesia tras la caída del sol.

Muchos años después, sucedió que una noche un ladrón se coló en la iglesia y a la hora de siempre, apareció el fantasma que volvió a preguntar de modo quejumbroso: ¿Quién me ayudará?

El ladrón lo oyó y sin ningún problema se ofreció a servirle de monaguillo. Celebraron la misa, el sacerdote se libró de la maldición y desapareció rumbo al cielo no sin antes prometer al ladrón que sería redimido y se convertiría en un hombre de bien.

Más que respuestas quedan preguntas en el aire: ¿era Perot lo Lladre el ladrón del que habla la historia? y sobre todo, ¿era convertirse en hombre de bien cambiar el bandolerismo en el Montseny por la milicia en Italia?

✂ ✂ ✂

Calle de Petritxol

La vía

La calle Petritxol, llamada «calle dulce» por el periodista Huertas Clavería, es una corta vía, de poco más de cien metros, que va desde la calle Portaferrisa a la plaza del Pi (del Pino). El nombre de Petritxol proviene de la familia propietaria de los terrenos en que se abrió la calle, en 1465, para conectar la iglesia del Pi con la calle de la Portaferrisa, una de las entradas a la ciudad. Otra tradición popular decía que el nombre original era «pedritxol», por unas piedras colocadas en la entrada de la calle para impedir el paso de carruajes, lo cual la convertiría en el que llamaríamos hoy en día «peatonal».

Ciertamente, la calle Petritxol es la primera calle íntegramente de viandantes de Barcelona porque en 1959 se eliminaron las aceras y se empedró toda la superficie.

Pero la fama de esta pequeña calle le proviene más bien de su dulzura, porque en ella se instalaron desde antiguo granjas, chocolaterías y pastelerías que a lo largo de los años se han convertido en punto de atracción para barceloneses y turistas. Tomar una buena taza de chocolate con churros o un suizo es uno de los atractivos de la calle que cuento además con algunas de las galerías de arte más antiguas de la ciudad y aún se puede admirar una cerámica en la pared, «el Auca del señor Esteve», que hace referencia a la obra de Santiago Rusiñol.

La granja Pallarès, una de las más famosas, fue fundada en 1947 en el lugar de una antigua vaquería como tantas otras granjas de Barcelona; la granja Dulcinea es otra de las más conocidas tanto por sus productos como porque en ella pasó las tardes durante años el dramaturgo Àngel Guimerà y la visitaban bien a menudo personajes como Salvador Dalí, que solía acudir rodeado de bellas mujeres.

Se dice que Dalí las dejaba tomando chocolate con churros mientras él visitaba la cercana galería Parés donde han expuesto desde 1840 pintores de la talla del mismo Dalí, Rusiñol, Ramón Casas, Isidre Nonell o Picasso.

La anécdota

Pocas calles de una ciudad, como ésta, cuentan con una lista de personalidades que han vivido y la han visitado. Una calle tan sumamente pequeña ha contado con la presencia de artistas destacados, en especial pintores, alrededor de la sala Parés que aprovechaban sus idas y venidas para gozar de los dulces que ofrecía, pero también han nacido y vivido ilustres personalidades que están recordadas en diversas placas. Una de estas personalidades es el mencionado Àngel Guimerà, autor de *Mar i cel*, *Maria Rosa* y *Terra Baixa* entre otras conocidas obras teatrales, que no solo frecuentaba la granja Dulcinea, sino que vivió largas temporadas muy cerca, en casa de unos amigos, y murió en ella el 18 de julio de 1924. No se ha conservado el piso donde vivió y murió, pero todo el mobiliario de la habitación desde la que partió a la inmortalidad se encuentra, tal cual estaba, en su casa-museo de El Vendrell, cuna de su familia. También en la calle Petritxol se encuentra la placa que recuerda al doctor Francesc Salva i Campillo, eminente científico, nacido en el número 11 de la calle en 1751. Otra personalidad destacada, ligada a la calle Petritxol durante muchos años, fue Montserrat Caballé. Precisamente en el número 11, el mismo donde nació Salva i Campillo, estaba situada la tienda Comella donde trabajó la eminente soprano cuando solo tenía 17 años y donde hizo sus primeros ensayos.

✖ ✖ ✖

Paseo de Picasso

La vía

En 1979 se dio el nombre de Picasso al paseo que cierra en su lado oeste lo que ahora es el parque de la Ciutadella. Llevaba hasta ese momento el nombre de Martínez Anido, el general que fue gobernador civil de Barcelona en la peor época del pistolerismo patronal, enemigo declarado de la clase obrera y de los sindicatos. El nombre de Picasso se refiere naturalmente al pintor Pablo Ruiz Picasso, nacido en Málaga en 1881 y muerto en

Mougins, Francia, en 1973, muy ligado a Barcelona donde tiene el museo más completo dedicado a su obra. El paseo recorre un corto trecho entre el paseo de Circunvalación, al sur del parque, y el paseo de Pujades. Desde él se puede acceder al interesante Museo de Ciencias Naturales y a la entrada principal del parque de la Ciutadella y a él van a parar algunas de las calles más interesantes del barrio de La Ribera, Princesa, Fussina, La Ribera y la del Marqués de Argentera que la comunica con el puerto.

A un tiro de piedra está el antiguo mercado del Born, de frutas y verduras, en cuyos trabajos de acondicionamiento se han revelado restos arqueológicos anteriores al siglo XVIII, cuando fue derribado la mayor parte del barrio. En el lado derecho, tal y como se sube del mar, se abre uno de los parques más grandes de la ciudad, conocido como de La Ciudadela, porque en ese lugar se levantó la fortaleza –ciudadela– erigida por Felipe V de Borbón tras vencer en la guerra que le dio la Corona de España frente a los Austrias, defendidos por Barcelona. La gran construcción militar, desde la que se bombardeaba perfectamente a la ciudad, fue derribada definitivamente entre 1869 y 1888 y en su lugar se construyó el actual parque, obra del alcalde Rius i Taulet.

La anécdota

De la curiosa y un poco novelesca vida de Giacomo Casanova, veneciano, escrita para la posteridad por él mismo con el título de *Historie de ma vie* (en francés), un hecho poco conocido es que el ilustre y seductor noble fue a dar con sus huesos en la cárcel, en Barcelona, nada menos que en la fortaleza de La Ciudadela, en uno de sus «aposentos», conocido como la torre de Sant Joan. Se cuenta que Casanova llegó a Barcelona en 1769 acompañando a la bailarina Nina Bergonzi a la que había conocido en Valencia. Hombre de escasa continencia, como es sabido, Giacomo Casanova lanzó sus redes en la ciudad, a la sazón gobernada por el capitán general don Ambrosio de Funes Villapando Abarca de Bolea, Conde de Ricla.

Fuera por casualidad o sabiendo el riesgo que corría, Casanova utilizó sus artes con la Bergonzi que resultó ser la amante secreta del capitán general, pues el conde de Boela había enviudado de su esposa Dª Leonor Gómez de los Cobos Luna Zúñiga y Sarmiento unos años antes. El caso es que, Casanova se vio involucrado en un hecho de armas poco claro, fue detenido y pasó 44 días encerrado en Sant Joan. Según él mismo escribió en sus memorias, fue tratado con toda corrección y respeto e incluso tuvo tiempo para escribir en su encierro un tratado sobre Venecia, su ciudad natal. A su salida de la cárcel no se conoce exactamente cuáles fueron sus movimientos, pero reapareció poco después en Italia, sano y salvo.

Calle del Pintor Fortuny

La vía

La calle Pintor Fortuny está dedicada a Marià Fortuny i Marsal, nacido en Reus en 1838 y muerto en Roma en 1874. Pintor, dibujante y grabador fue el primero y el más grande de los artistas aparecidos en la llamada Reinaxença Catalana, el movimiento de recuperación del catalán como lengua cultural y literaria desarrollado a mediados del siglos XIX y que supuso un renacimiento (Reinaxença) de las artes en general en el antiguo Principado. Marià Fortuny ha pasado a la historia del arte por sus magníficos cuadros relatando la guerra de Marruecos dirigida por el general Prim, su paisano y con el que viajó al norte de África como cronista de la guerra; la *Batalla de Tetuán* o la *Batalla de Wad Ras* son verdaderas obras maestras aunque quizá su cuadro más famoso sea *La Vicaría,* pintado a la vuelta de su aventura africana. La vía que lleva su nombre, bautizada así en 1900, cruza la parte alta del Raval desde la calle dels Àngels hasta la Rambla, como continuación de Peu de la Creu, el nombre que antes de 1900 llevaba toda la calle.

Hoy en día es una de las calles típicas de esa zona aunque diseñada más ancha que las aledañas, su desarrollo moderno ha sido más intenso que en las adyacentes. En la esquina con

Una de las farolas que ilumina la calle del Pintor Fortuny.

la Rambla está ubicado uno de sus edificios más interesantes, el de la antigua Compañía General de Tabacos de Filipinas, de 1881, que alberga hoy en día un lujoso hotel. En ese mismo cruce con las Ramblas estuvieron los primeros grandes almacenes de Barcelona, Grandes Almacenes El Siglo, inaugurados en el año 1878, obra del arquitecto Leocadio Olivarria.

Tenía siete pisos y una superficie de 149.464 palmos cuadrados de planta, distribuidos entre los números 10, 12 y 14 de la antigua Rambla dels Estudis. Su destrucción a causa de un gran incendio en el año 1932, forzó el traslado a otra calle céntrica y de gran accesibilidad, la calle Pelai, donde existía ya un edificio comercial conocido con el nombre de Can Damians, de 1915.

La anécdota

Una acontecimiento, capital para la ciudad de Barcelona, tuvo lugar el día 29 de noviembre de 1899, en un el Gimnasio Solé situado en la esquina de la calle Pintor Fortuny con la calle Montjuïc del Carme que conduce hasta la calle del Carme. En el número 5 de Montjuïc del Carme estaba la entrada del gimnasio mencionado con ventanas a Pintor Fortuny. Allí, en una reunión convocada apenas un mes antes por Hans Gamper, suizo, conocido ya desde entonces como Joan Gamper, se fundó el Fútbol Club Barcelona. El señor Joan Gamper, gran deportista, futbolista y ciclista en su juventud y residente en Barcelona desde ese mismo año, había publicado una llamada en la revista llamada *Los deportes* invitando a todos los aficionados a la práctica del fútbol a reunirse con él para hablar de la fundación de un club de fútbol barcelonés. Respondieron muchos ciudadanos, la mayoría –todo hay que decirlo– extranjeros residentes en la ciudad, principalmente ingleses.

En aquella reunión se decidió que el equipo de practicantes del «balompié» como se llamaba hasta ese momento, llevaría una camiseta con los colores azul y grana, como los del F.C. Basilea donde Gamper había jugado en su Suiza natal y se decidieron los doce jugadores que formarían el primer equipo –once y un suplente– del que naturalmente formó parte su fundador Joan Gamper. Hasta 1903, Joan Gamper formó parte del equipo y fue su presidente en varias ocasiones, la última entre junio de 1924 y diciembre de 1925. La biografía que Agustí Rodés ha publicado

En uno de los edificios de la calle del Pintor Fortuny se fundó el Barça en el año 1899.

sobre el fundador del F.C. Barcelona destaca el hecho de que su profunda fe religiosa evangélica (protestante) le causó muchas dificultades en la conservadora sociedad católica española y sus principales relaciones a su llegada fueron con protestantes de la iglesia luterana de su barrio de residencia, San Gervasio de Cassoles. Gamper fue perseguido por la dictadura de Primo de Rivera y expulsado de España en 1925 tras unos incidentes en el campo del club en Les Corts. Cinco años después, vetado por la dictadura y sin apoyo de las fuerzas vivas de la ciudad, falleció en Barcelona. Era el 30 de julio de 1930, cuatro meses después de la muerte del general Primo de Rivera que tanto le había perseguido.

✖ ✖ ✖

Portal de la Pau

La vía

El 19 de noviembre de 1850, se abrió en la muralla de mar de Barcelona una nueva puerta para comunicar el embarcadero del actual muelle de Drassanes con el interior de la ciudad. El proyecto de apertura y urbanización fue encargado al arquitecto Simó Ferré y una lápida de mármol, instalada después, hacía referencia a la paz que el marqués del Duero, Manuel Gutiérrez de la Concha, capitán general de Catalunya, consiguió en 1849 en la segunda guerra carlista o «guerra del matiners». Se trata de la Puerta de la Paz o Portal de la Pau, sin duda una de las plazas más emblemáticas de Barcelona con la sede de la Autoridad Portuaria y otros edificios destacados como el Gobierno Militar, la comandancia de Marina y el actual Museo Marítimo en las antiguas Atarazanas.

Es una plaza en la que, con frecuencia, se dan actos públicos y festivos como la llegada de los Reyes Magos al muelle de Drassanes en la tarde del 5 de enero o los actos más destacados de las fiestas de la Mercè en septiembre. No obstante, el monumento más destacado y más característico es sin duda el dedicado a

Cristóbal Colón, inaugurado en 1888, uno más de los elementos que cambiaron Barcelona con la Exposición Universal de aquel año. El conjunto es obra del arquitecto Cayetano Bohigas y la estatua, de siete metros de altura, es de Rafael Atché. En su parte más alta, bajo la estatua, posee un estrecho mirador circular al que se accede por un ascensor. Es interesante el hecho de que el dedo de la estatua, con el brazo extendido, no señala la ruta de América y sí señala –mapa en mano– hacia Génova, la que se dice que es su ciudad natal.

La anécdota

El 17 de enero de 1977, alrededor de las 2 y media de la madrugada, tuvo lugar un suceso trágico y todavía hoy en día sumido en la oscuridad y la imprecisión. Una lancha de transporte del portahelicópteros norteamericano Guam, fondeado a las afueras del puerto, chocó contra el carguero español Urlea por causas desconocidas. La lancha acababa de zarpar del muelle de Drassanes, frente al monumento a Colón, para llevar al Guam y al buque de asalto Trenton a marineros de ambos buques e infantes de Marina del Trenton que regresaban después de pasar un día de permiso en Barcelona. La lancha volcó lanzando al mar a todos sus ocupantes en medio de la oscuridad de la noche y del frío del agua. Veinticuatro marineros y marines murieron ahogados o del shock en el trágico accidente al que no fue ajeno el hecho de que, probablemente, el exceso de alcohol impidió a muchos de ellos ponerse a salvo. Además de los muertos contabilizados hubo una cantidad notable de desaparecidos, aunque algunos de ellos no iban en la lancha y aparecieron después en sus buques o todavía en tierra. La lancha era una LCM–6 de transporte, de 24 metros de eslora (largo) pero transportaba hacinadas más de un centenar de personas por lo que el choque, ligero, provocó que zozobrara. Muchos de los supervivientes pudieron ser rescatados pues permanecieron respirando en la bolsa de aire que quedó al volcar la lancha.

✖ ✖ ✖

Calle de la Princesa

La vía

Hacia los años veinte del siglo XIX, los arquitectos y urbanistas Francesc Daniel Molina y Josep Oriol fueron los encargados de realizar un importante proyecto de apertura de la Barcelona de la época. Ese proyecto consistía en abrir una calle amplia para comunicar el barrio del Raval con la zona del Born y la Ciutadella, eliminando una trama de calles pequeñas e impracticables de origen medieval. La primera fase fue la apertura de las calles Jaume I y Ferran (Fernando) que discurrían entre la Rambla y la Vía Laietana, confluyendo en la plaza de Sant Jaume y la fase final fue el trazado y construcción de la calle Princesa. Se derribaron todos los viejos edificios de la zona y se eliminaron las estrechas calles para dar vida a una de las vías más emblemáticas de la ciudad a la que se dio en 1853, cuando quedó abierta, el nombre de la infanta Isabel de Borbón, hija de Isabel II. Los edificios que la bordean fueron construidos casi en su totalidad entre 1853 y 1870 por lo que tienen todos una unidad estilística dentro del eclecticismo de la época romántica y con alturas que llegan hasta los seis pisos. Antes, todavía en fase de construcción, se había llamado Cádiz al primer tramo de la calle y con la llegada de la República recibió el nombre de Pablo Iglesias, que le duró hasta marzo de 1939 en que recuperó el nombre de Princesa. En el número 37 de esta calle nació en 1861 Santiago Rusiñol, que hablaba de ella en su obra *L'Auca del senyor Esteve*, cuando era una calle comercial e industrial llena de tiendas textiles y de peletería. La

La calle de la Princesa conecta la Vía Laietana con la calle del Comerç.

actual calle, tan turística y abigarrada, no recuerda detalles como la buhardilla situada en el número 12 donde, a finales de los sesenta y principios de los setenta, se imprimían folletos clandestinos del MIL (Movimiento Ibérico de Liberación). Lo más destacado de los últimos tiempos, periodísticamente hablando, de la calle Princesa, fue el desalojo y detención en junio de 2005 de doce okupas en el número 21, un viejo edificio abandonado.

La anécdota

¿Qué tiene de mágica una calle como Princesa? Las respuestas pueden ser muy románticas o muy prosaicas, aunque el solo término magia ya requiere una atención. Y la magia de la calle Princesa existe todavía en el número 11 donde se abre desde 1895 la tienda «El rey de la magia». Es un establecimiento peculiar, casi se diría único en su género, más real y más auténtico que el imaginado por el guionista Chris Columbus para la película *Gremlins*. El local fue fundado en 1881 en el número 5 de la misma calle por el mago Joaquim Partagàs, nacido en la misma calle Princesa en septiembre de 1848 y fue la primera tienda española especializada en materiales de magia. Al cumplir los 20 años, Partagàs había viajado a Argentina donde se hizo famoso como prestidigitador siguiendo el ejemplo de Fructuós Canonge (1824-1890), otro gran mago de la época y probablemente su maestro. Pargatàs triunfó en Argentina donde sentó escuela y regresó, para quedarse, en Barcelona en 1878 donde fue reconocido como un gran artista. Aunque sus tiendas, primero en el número 5 y luego en el 11 de la calle Princesa, se podían considerar como su casa, no obstante, el local donde él mismo actuaba lo tenía en la Rambla, en el número 30, un Salón Mágico donde se ofrecían sesiones de prestidigitación, proyecciones de la Linterna mágica y todo tipo de ilusionismos. En 1900 cerró el local al tiempo que publicaba «El Prestidigitador Optimus o Magia Espectral» un compendio del trabajo que le hizo famoso en el mundo entero, pero su gran legado, «El rey de la magia» sigue vivo en la calle Princesa.

✺ ✺ ✺

Rambla de Catalunya

La vía

Aunque la Rambla de Catalunya está casi en línea recta con La Rambla, o Les Rambles, se trata de una vía barcelonesa totalmente diferente y diferenciada, separada de la mundialmente conocida Rambla por la plaza de Catalunya. El origen de esta vía, bautizada como de Isabel II cuando todavía no estaba urbanizada, es igualmente un torrente, el conocido como torrente de Malla o Ariga, documentado ya en 1089 y durante un tiempo se pensó en llamarla Eusebio Güell, prohombre y mecenas a quien le está dedicado el parque Güell de la ciudad, entre otros lugares ciudadanos. El nombre de Rambla de Catalunya le fue adjudicado en 1929 porque va a morir a la plaza del mismo nombre desde su arranque en la avenida diagonal. Desde su urbanización se ha mantenido como un paseo con acera central para peatones salvo en el último tramo entre la Gran Via y la plaza de Catalunya y en todo su recorrido se ha mantenido desde siempre una oferta comercial de cierto nivel, rivalizando algunas veces con el contiguo paseo de Gràcia. Aunque no con la fama de las situadas en el paseo de Gràcia, algunas de las casas construidas en Rambla de Catalunya muestran bellos ejemplos del modernismo barcelonés, como la deliciosa farmacia Bolós; la Casa Serra –sede de la Diputación–; la Casa Dolors Camps reformada por el arquitecto modernista Josep Vilaseca en 1878; la Casa Fargas, en el número 47, obra de Luis Sagnier; la Casa Juncosa, de Salvador Viñals en el número 78 y la Casa Serra, obra de Puig i Cadafalch, en el número 126 que albergó durante la Guerra Civil la conselleria de Sanidad. Desde 1972 la Rambla de Catalunya cuenta con dos esculturas de Josep Granver, *Meditación* y *Coqueta*, un toro y una jirafa que dan acceso al paseo en sus dos extremos.

La anécdota

El 23 de noviembre de 2007 se estrenó en España la película *Rec*, un trabajo codirigido por Jaume Balagueró y Paco plaza e interpretada por Manuela Velasco y Ferran Terraza como actores principales. La película, rodada como si se tratara de un documental, se llevó unos cuantos premios en el Festival Internacional de Cine de Catalunya (Sitges) y Manuela Velasco se llevó el Goya a la actriz revelación. *Rec* se rodó en Barcelona en el más absoluto secreto, en formato digital, con el material más moderno para dar la sensación de realismo que finalmente consiguió. El presupuesto de la película fue de 1,5 millones de euros, no demasiado para los tiempos que corren y ya una productora norteamericana ha comprado los derechos para hacer un *remake* y en 2009 se estrenó una secuela, *Rec II*.

Las dos versiones de la terrorífica película están rodadas en el número 34 de la Rambla de Catalunya, un edificio que, a simple vista, parece abandonado. La primera cuenta la historia de una pareja de reporteros que se unen a un equipo de bomberos para hacer un reportaje. Acuden con ellos a la llamada de una anciana que se ha quedado encerrada en su piso, en el 34 de la Rambla de Catalunya, y cuando llegan se encuentran con un horror inenarrable que no tiene nada que ver con una pobre ancianita. La segunda da una vuelta de tuerca con los geos y ambas consiguen auténtico terror. Lo curioso del caso es que la puerta del inmueble que antes estaba abierta y se podía entrar libremente, ha perdido su picaporte y ya no es posible la entrada... ni tal vez la salida. Igual que en la película.

✳ ✳ ✳

Rambla del Raval

La vía

La Rambla del Raval es un espacio nuevo, creado en 2000 a raíz de un plan especial del Ajuntament de Barcelona para urbanizar los sectores más degradados y viejos del barrio del mismo nombre, el lado derecho de la Rambla según se baja desde la montaña al mar. El espacio creado, al estilo de las antiguas ramblas –o cursos de agua de lluvia camino del mar– va desde la calle Hospital hasta la de Sant Pau, en pleno corazón del barrio, con un paseo central

«La monyos» es sin duda uno de los personajes más emblemáticos de la Barcelona de la posguerra y del Barrio Chino.

y zona ajardinada que ha dado aire y vida a un barrio muy viejo y muy castigado. La nueva vía ha engullido las antiguas calles Cadena y Sant Jeroni que formaban parte de la zona más sórdida del llamado «barrio chino», centro de la prostitución barcelonesa durante décadas junto con las calles Robadors y Sant Ramon. A pesar de las reticencias iniciales, la Rambla del Raval se ha convertido poco a poco en un tranquilo foco multicultural donde abunda la población inmigrante de nueva ola, en especial pakistaní, pero con locales musicales y de bebidas que ya han adquirido cierto prestigio además de frecuentes fiestas y espectáculos al aire libre que han dado nueva vida al barrio.

Una de las calles desaparecidas a causa del plan del Raval, la de la Cadena, tuvo durante unos años un nuevo nombre, el de Salvador Seguí, ilustre militante anarquista llamado «El noi del sucre» que fue asesinado allí mismo el día 10 de marzo de 1923, cuando era el jefe del Sindicato de la Construcción de la CNT. En 1931, con la llegada de la República, se le dio su nombre a la calle y en 1939, por obra del franquismo, fue eliminado volviendo al nombre original de la Cadena. Tras la apertura de la Rambla del Raval se dio el nombre de Salvador Seguí a una nueva plaza adyacente.

La anécdota

Íntimamente ligado a la calle de la Cadena, y por tanto a la Rambla del Raval y en general a todo el barrio, fue un personaje casi mítico, conocido como «la monyos» (la moños). El historiador y cronista de Barcelona Andreu Avel·lí Artís i Tomàs, conocido como Sempronio, reflejaba en una de sus obras el personaje de una mujer, Lola Bonella, que se convirtió en un símbolo del barrio. Lola Bonella, vecina de la calle Cadena, cuenta Sempronio que nació en 1851 y desde muy joven se ganaba la vida como modista o como criada. Un aciago día, un carro de caballos atropelló y mató a su hija de corta edad y el suceso la dejó trastornada, de manera que su vida cambió por completo y empezó a vagar por el barrio sin rumbo y sin otra finalidad que recuperar a su hija. Siempre había llevado el pelo recogido en un alto moño, pero entonces empezó a adornarlo con las flores que las floristas del barrio, y de la Rambla, le iban regalando. Su aire extravagante y su peinado le ganaron enseguida el sobrenombre de «la monyos» y los autores de comedias y vodeviles para los múltiples cabarets y locales de la época empezaron a contar su historia y a hacer canciones sobre ella, obras de teatro y una película, de 1997, interpretada por Julieta Serrano. La primera obra se estrenó en el Teatro Circo todavía en vida de Lola que incluso subió al escenario para recibir el aplauso de los asistentes al teatro.

Sin recobrar nunca la razón, Lola Bonella, «la monyos», falleció en el antiguo Hospital del Mar de la Barceloneta en septiembre de 1940, a los 89 años de edad.

�֍ ✖ ✖

Plaza del Rei

La vía

Si las ciudades tienen corazón, cosa poco probable, el corazón de Barcelona sería sin duda la plaza del Rei. Este pequeño rincón en pleno Barri Gòtic de la ciudad es una especie de remanso de paz, una belleza arquitectónica que, no obstante, guarda en sus viejas piedras la historia de la ciudad desde la Barcino romana oculta en el subsuelo. Subiendo desde la calle Veguer o bajando por Santa Clara, se accede a la plaza por su única entrada, como si se penetrara directamente al siglo VIII. Al fondo, dominando todo el conjunto, está la fachada del Palacio Real cuya construcción se inició en el siglo XIII, también conocido como Palacio Condal que conserva en su interior el Saló del Tinell y la magnífica capilla real de Santa Àgueda. A la izquierda del conjunto se encuentra el Palacio de Lugarteniente, edificio del siglo XVI barroco tardío con elementos renacentistas y a la derecha, en la esquina con la calle del Veguer, se encuentra la casa Clariana-Padellàs sede del Museo de Historia de la ciudad. El nombre de la plaza, desde el siglo XIII es el de plaza del Rei por la existencia del Palaico y en el salón del Tinell fue donde los Reyes Católicos recibieron a Colón a su regreso del primer viaje a lo que sería América. La fachada del Palacio es semejante a la de los papas en Aviñón, con grandes arcos adosados. Al final de estos arcos está la antigua fachada románica del Palacio Real, con las ventanas originales en la parte alta, las ventanas de tres aberturas separadas entre ellas por pilares o pequeñas columnas y los rosetones góticos abiertos en el siglo XIV.

Lo más destacado sin embargo para el visitante es la original escalinata, un cuarto de circunferencia, que lleva a la entrada del palacio. Esa escalera ha sido desde siempre punto de encuentro de visitantes que buscan un descanso, jóvenes que pasan el rato, hippies, músicos aficionados y demás fauna que suele pulular por el gótico, pero esa escalinata tiene tras de sí otra historia.

Fernando el Católico estuvo a punto de ser asesinado en las escaleras de la plaza del Rei.

La anécdota

España es uno de los pocos países europeos que nunca ha asesinado –o ajusticiado– a un Rey. Las monarquías más antiguas de Europa, Austria, Inglaterra, Francia, Suecia, Rusia, tiene en su haber al menos un monarca muerto por obra de un atentado, crimen o acto de justicia. No es el caso de España y no porque no se haya intentado, aunque en honor a la verdad hay que decir que sí, se ha intentado pero en muy escasas ocasiones y con poco éxito. Una de estas ocasiones tuvo lugar precisamente en la bella escalinata de la plaza del Rei de Barcelona en la persona de Fernando el Católico, ya monarca de todos los reinos hispánicos.

El día 7 de diciembre de 1492, Fernando el Católico, rey de Aragón, Conde de Barcelona, rey consorte de Castilla por su matrimonio con Isabel, rey de Granada y pretendiente a la Corona de Navarra, salía de la capilla de Santa Águeda y se dirigía hacia la escalinata para salir a la plaza del Rei cuando un hombre, armado con un cuchillo se lanzó sobre él. Un gesto rápido del monarca, a la sazón un hombre de 40 años –mucho para la época– pero en buen estado físico, le libró de una muerte segura aunque resultó herido en el cuello y en la cabeza. El agresor, Joan Canyamàs, vecino de la localidad de La Roca del Vallès, fue detenido inmediata-

La plaza del Rei es quizá uno de los rincones con más encanto de Ciutat Vella.

mente y arrastrado por la guardia lejos del Rey. Los médicos reales hicieron un buen trabajo y Fernando el Católico no sufrió ningún daño digno de mención y salió inmediatamente de Barcelona tal y como tenía planeado. Dice la leyenda que recomendó antes de salir que se perdonara la vida del agresor, pero o bien no es cierto o tal vez las autoridades consideraron que era una mala idea, así que el agresor fue condenado a morir al estilo de la época. Atado a un poste, fue paseado sobre un carro por las calles de la ciudad mientras se le iba mutilando en vivo. Al llegar al lugar conocido como Portal Nou en las afueras de la ciudad frente a lo que es hoy el paseo de Lluís Companys, lapidaron lo que quedaba del cuerpo del hombre y quemaron luego los restos, incluidos los trozos que se habían ido desprendiendo por el camino.

El frustrado asesino, campesino, formaba parte del colectivo conocido como «payeses de remensa», es decir campesinos que trabajaban las tierras de la nobleza en régimen de servidumbre y que habían protagonizado dos largas y sangrientas guerras por su emancipación. En 1486, un acuerdo avalado por el rey, había puesto fin al enfrentamiento, pero gran parte de los campesinos habían quedado insatisfechos y Joan Canyamàs decidió vengarse en la persona del rey aunque con escasa fortuna.

❉ ❉ ❉

Plaza Reial

La vía

Cuando se abrió la calle Ferran (Fernando) en 1848, se procedió al mismo tiempo a ensanchar la plaza de Sant Jaume y a construir una nueva plaza en un solar, situado un poco más abajo, en dirección al mar, que había quedado libre y despejado. El solar lo ocupó hasta 1835 el convento de los capuchinos de Santa Madrona, incendiado por segunda vez ese año. En 1845 las cortes ratificaron un acuerdo de 1822 que autorizaba el derribo de lo que quedaba, lo que se produjo en 1848. En 1822, durante el trienio liberal, se había derribado el primitivo convento edificado en 1718, pero los gobiernos posteriores habían autorizado de nuevo a los capuchinos para construir otro convento en el mismo lugar. La plaza se fue urbanizando lentamente desde 1848 y se le adjudicó el nombre de plaza Reial en honor a la reina Isabel II que, en persona, colocó la primera piedra de un monumento, que nunca se llegó a construir, dedicado a Fernando el Católico y que ha acabado dedicando a las Tres Gràcies, con dos farolas diseñadas por Gaudí.

La plaza, con forma y estructura semejante a las plazas castellanas porticadas como la plaza Mayor de Madrid o la de Salamanca, posee una característica única y ésta es la exis-

Escudo de Barcelona en una de las farolas de la plaza Reial.

tencia de sus palmeras. La plaza ha gozado siempre de vida artística y nocturna muy notable. En los edificios que la enmarcan, con amplios balcones, han vivido artistas y bohemios, y sus locales de ocio son y han sido punto de atracción de la ciudad. En ella se encuentran locales emblemáticos como el Club Jamboree, el Sidecar, el Karma o el original Pipa Club, local para fumadores en pipa.

La anécdota

Escenario de lo más trangresor y libertario de Barcelona, la plaza Reial contó hace años con la presencia de un personaje singular que vivió y trabajó en ella y que ha dejado una obra pictórica tan anárquica como él mismo. Y dos homenajes muy interesantes: un libro-cómic escrito por Nazario y una película de Ventura Pons con el título de *Ocaña, retrato intermitente.*

Las palmeras forman parte del ambiente característico de la plaza Reial.

El personaje es, obviamente, el pintor naïf, travestido y ácrata José Pérez Ocaña, que murió el 18 de septiembre de 1983 a resultas de un absurdo accidente en las fiestas de su pueblo natal, Cantillana, en la provincia de Sevilla.

José Pérez Ocaña, nacido en marzo del 1947 en el mencionado pueblo, se afincó en Barcelona huyendo de la intolerancia de su entorno hacia su homosexualidad manifiesta, y eligió precisamente la plaza Reial, el lugar más ácrata y marginal de Barcelona, para vivir y poder desarrollar su arte. Ocaña era un artista popular y su inspiración la encontraba en la gente más marginal como travestidos, prostitutas, pequeños rateros y mendigos. Aficionado a los ritos religiosos, se podía ver en su balcón de la plaza una barroca imagen florida de la Virgen. «No adoro a la Virgen como símbolo religioso —decía— sino al escultor del siglo XVII que la ha tallado.» Además de sus cuadros naïf, Ocaña realizaba esculturas en papel maché de vírgenes y cabezudos y hacía perfomances en la calle, en su querida plaza, como un preludio del arte posmoderno.

El 1976, Ventura Pons escogió la vida original y creativa de Ocaña para hacer su primera película, una especie de documental vivo que tuvo como protagonista al mismo Ocaña. Algunos de los críticos más destacados de la época como Álvarez Solís, Terenci Moix, José Luis Guarner y Fernando Trueba, la calificaron como uno de los documentales más vivos y seductores de la España posfranquista.

✕ ✕ ✕

Calle de la Reina Amàlia

La vía

Se refiere el nombre de esta calle a Maria Josefa Amalia de Sajonia, tercera esposa del rey Fernando VII y se le dio ese nombre cuando se abrió la calle en 1827 como regalo a la real pareja que visitó la ciudad en diciembre de ese mismo año. La calle se extiende casi paralela a la ronda de Sant Pau entre la de la Cera y la de Sant Pau y en un corto tramo final toma el nombre de Abat Safont, por Joan de Safont i de Ferrer, fraile benedictino que fue abad de Sant Pau del Camp, el bello templo románico situado justo enfrente y una de las joyas del románico catalán. En el centro de la calle Reina Amàlia, o Amàlia como se conoce popularmente, se abre la plaza de Folch i Torres que, como muchas otras de la ciudad, ocupa el solar de lo que fue un antiguo convento. En este caso se trata del convento de los Paules, o monjes de San Vicente de Paúl, construido en época tan reciente como 1833 cuando abandonaron el primer convento de la orden en la calle de Tallers.

La desamortización y la ola anticlerical les despojó de nuevo del convento, en 1835, que resultó seriamente dañado en el incendio habitual. En 1839, las autoridades municipales aprovecharon lo que quedaba del convento para instalar una de las prisiones más siniestras y penosas que ha tenido Barcelona, la llamada cárcel de Amàlia, o Prisión Vieja, para diferenciarla de la cárcel Modelo inaugurada en 1904. Hasta ese momento había sido un agujero en el que se amontonaban mujeres, niños, hombres o ancianos condenados, pero a partir de la entrada en servicio de la Modelo quedaría reservada para mujeres. Para hacer se una idea, el reglamento de aquella prisión establecía que el que «blasfemase... o profiriese palabras obscenas e injuriosas... será inmediatamente puesto en el cepo... y en caso de reincidencia se le aplicará una mordaza».

En la calle de la Reina Amàlia se encontraba una de las cárceles más siniestras de la Barcelona de principios del sigle xx.

La anécdota

En uno de los patios de la cárcel Amàlia, el llamado de La Garduña, paseó durante tres meses, entre diciembre de 1869 y marzo de 1870 un hombre singular, conocido como el Obispo Caldeo y que muestra lo difícil que es entenderse cuando no se saben idiomas. Según cuenta Manuel Bofarull en su libro *Crims i Misteris de la Barcelona del segle xix*, en los últimos meses de 1869 pululaba por Barcelona un venerable anciano de unos setenta años, con barba blanca y aspecto afable, vestido con hábitos de monje, que no hablaba ningún idioma conocido y llevaba junto a él un secretario con el que sí parecía entenderse y le servía de intérprete. Según el secretario, el monje era un obispo caldeo (católico pero de un rito específico de Siria y del actual Irak) y estaba en España recogiendo fondos para la reparación de su iglesia en un pueblo perdido en Siria. El monje en cuestión vio las puertas abiertas de las iglesias barcelonesas, recaudó fondos y ofició algunas misas en la parroquia de la Mercè y en la de Betlem y anunciaba otras más en la de Santa Maria del Mar, en Santa Mònica y en Sant Agustí, todas ellas en un idioma que nadie entendía. Sin embargo, las autoridades no estaban tan convencidas de las credenciales del obispo y a mediados de diciembre le detuvieron y le encerraron en la cárcel Amàlia hasta aclarar su situación. El secretario, que llevaba el dinero recaudado para la reparación de la iglesia, desapareció sin dejar rastro –ni dinero, claro está– y las autoridades eclesiásticas consultadas, del rito caldeo, manifestaron que todos sus obispos estaban en Roma en aquellos días asistiendo al Concilio Vaticano I. ¿Quién era pues aquel hombre? Tras muchas consultas, investigaciones y la inestimable ayuda de un misionero franciscano que había estado en Tierra Santa y hablaba cinco o seis idiomas de aquellos lugares, se logró averiguar que el obispo en cuestión no era obispo, pero sí sacerdote, de rito caldeo efectivamente y un santo varón, tan inocente como barbudo. Su nombre era Josef Eben Andel-Mesih, no era caldeo sino kurdo, de una aldea llamada San Jaime de Siirt, y era titular de la parroquia de su pueblo que realmente estaba en ruinas y necesitaba dinero para su reparación. Hablaba kurdo, árabe y algún que otro dialecto de la zona, pero ni una palabra de idiomas europeos «ni vivos ni muertos» por lo que tampoco podía entenderse en latín o griego. Aclarado que no era culpable de fraude alguno, fue puesto en libertad el 14 de marzo y nunca más volvió a saberse de él.

Calle Gran de Sant Andreu

La vía

El distrito barcelonés de Sant Andreu, al norte de Barcelona, comprende un conglomerado de antiguos barrios, todos ellos pequeños pueblos de la periferia, de viejas masías y de campos desde los que antaño se vislumbraba a lo lejos la silueta de la montaña de Montjuïc.

Uno de estos barrios es el milenario conocido como San Andrés del Palomar, núcleo del pueblo de Sant Andreu, documentado desde el año 992. Distrito eminentemente obrero y popular, está atravesado en casi toda su extensión por la calle Sant Andreu (San Andrés), continuación de la calle Sagrera, que nace en el actual parque de la Pegaso –donde estuvo la fábrica de camiones Pegaso y la posterior de Enasa– y va a morir ya convertida en carretera de Ribas, a la ciudad de Santa Coloma. Su longitud total es la de la antigua calle Mayor y la prolongación llamada Carrer de les Cases Noves (calle de las Casas Nuevas). Se llamó en un principio carretera de Ribas y posteriormente Eugenio Parera hasta que se le adjudicó en 1977 el nombre de Gran de Sant Andreu, tomado de la antigua iglesia consagrada al apóstol San Andrés y que fue fundada en la alta edad media junto a la antigua vía romana que unía Barcelona con el Vallès. La industrialización de finales del siglo XIX y principio del XX trajo empresas importantes: Fabra y Coats, La Maquinista, Fabricación Nacional de Colorantes, y una gran cantidad de pequeñas empresas y talleres que dieron sus características al barrio.

La calle Gran de Sant Andreu es hoy en día una vía con una vitalidad sorprendente donde queda ya muy poco de los viejos edificios del siglo XIX y principios del XX aunque se han conservado algunas de las grandes fábricas convertidas ahora en espacios públicos, como la de Pegaso convertida en un parque y el complejo industrial de Fabra i Coats, un espacio cerrado de más de 31 mil metros cuadrados, situado en el espacio delimitado por las calles Gran de Sant Andreu, Sant Adrià, Segre, Parellada y Ramon Batlle.

La anécdota

Hacia el centro de la larga calle de Sant Andreu se cruza la vía llamada Palomar, clara referencia a los orígenes del barrio, y unos metros en línea recta hacia el mar se llega a la confluencia con el paseo de Torras i Bages, dedicado en su totalidad desde 1979 al sacerdote, escritor y filósofo fallecido en Vic en 1916. Justo en esa confluencia se levantan los restos de lo que fue uno de los cuarteles militares más importantes de la ciudad, con un protagonismo indiscutible en el estallido de la Guerra Civil en 1936. Desde la calle Palomar en dirección hacia Santa Coloma, el paseo se llamó hasta 1979 Salón del Teniente Coronel Onofre Mata, ingeniero de gran prestigio en el arma de artillería. Tenía sentido esa dedicatoria pues en el espacio entre el paseo, la calle Palomar y la calle Gran de Sant Andreu se erigió el Cuartel de Bailèn, base de varios regimientos de artillería. El gran cuartel se proyectó en 1929 para dar cabida a todas las fuerzas de ese arma de Barcelona y su puesta en servicio se produjo en 1934. En julio de 1936 albergaba al séptimo Regimiento de Artillería Ligera, dependiente de la 4ª Brigada, mandado por el Coronel José Llanos Quintilla y formado por tres grupos de tres baterías –un total de 36 cañones Schneider– y un arsenal que se calculaba en 30.000 fusiles, la mayor parte en perfectas condiciones, y la munición suficiente. En él se encontraba el general de artillería Justo Legorburu, mando de la brigada, conjurado con el alzamiento.

Nada más conocerse las noticias del alzamiento del Ejército de Marruecos, Legorburu se movilizó para la rebelión y empezó a fortificar el cuartel, al tiempo que los comités anarquistas y los sindicatos del barrio empezaron a concentrarse a su alrededor, conscientes del gran potencial de aquella instalación. La aviación leal a la República bombardeó el cuartel desde el primer momento y la dirección de la CNT y la FAI inició inmediatamente la operación para asaltarlo y hacerse con sus armas. Finalmente, en la madrugada del día 20, los oficiales al mando del cuartel se rindieron y los trabajadores se hicieron con el arsenal antes de que una columna de la Guardia Civil llegara a aceptar la rendición de Legorburu. La toma de ese cuartel fue decisiva para que los comités de obreros tomaran el poder en Barcelona y detuvieran el golpe de los generales.

❊ ❊ ❊

Calle de Sant Bertran

La vía
Entre la calle de l'Om y la Avinguda del Paralel discurre esta pequeña vía dedicada a Sant Bertran (Beltrán en castellano), que sustituyó al antiguo nombre de Horts de Sant Bertran (Huertos

de San Beltrán) que hacían referencia a un antiguo santuario existente el pie de la montaña de Montjuïc desde 1313 hasta la invasión napoleónica de 1808, en que el santuario fue destruido por el ejército francés. San Beltrán, a quien estaba dedicado al santuario, fue obispo de Comenges desde mediados del siglo XI hasta el año 1123, casi cincuenta años, en los que se ganó fama de santo y en 1309 el Papa Clemente lo elevó a los altares. En su último tramo, para llegar a la avenida del Paral·lel, salva el último espacio con dos tramos de escalera. En su corto trazado, la calle no tiene mayor relevancia, salvo la de ser en la actualidad una vía peatonal que forma un conjunto con la calle Om y que desemboca en el jardín de las Tres Chimeneas, antesala de la compañía eléctrica, antigua fábrica de La Canadiense. Sus edificios no son de excesiva altura, pero la estrechez de la calzada crea la impresión de estar en un túnel y no se ha conservado nada de las antiguas construcciones que aún se pueden ver en la cercana calle Om o en la de Santa Madrona. San Beltrán es una muestra de la decadencia de gran parte del barrio, con locales y pisos abandonados aunque con una nueva población recién llegada, en su mayor patre indios.

La anécdota

Els Horts de Sant Bertran son citados en uno de los poemas de Mosèn Jacint Verdaguer donde hace referencia a «un pilot de pedres» (un montón de piedras) que durante años se podía ver cerca de un pozo que recibía el nombre de «Pou de la cirereta» (Pozo de la cerecita). Joan Amades cuenta en uno de sus libros una leyenda popular alrededor de este pozo que debía estar, más o menos, frente a la actual calle Sant Bertran. Al parecer, en ese lugar asesinaron en 1640 a Dalmau de Queralt, Conde de Santa Coloma, virrey de Catalunya desde 1638 que había hecho detener a Pau Claris y al conseller en Cap, Tamarit, por orden del Conde-Duque de Olivares. En el lugar donde se encontró el cadáver del malogrado noble fueron apareciendo de día en día piedras que se iban amontonando y que iban lanzando allí los ciudadanos en recuerdo de tan luctuoso hecho, fuera para bien o para mal. Muchos años después, hasta la desaparición de los huertos, se decía que todos los sábados, día en que murió el Conde, una sombra blanca pasaba rápidamente por los huertos y acababa lanzándose al mar, entonces mucho más cerca de lo que está ahora. La opinión popular era que se trataba del fantasma de Dalmau de Queralt que no encontraba descanso tras su asesinato sin haber podido confesarse antes de morir.

✶ ✶ ✶

Plaza de Sant Felip Neri

La vía
Formando parte del núcleo gótico de Barcelona, la plaza de Sant Felip Neri es uno de los lugares más visitados en todo el casco antiguo de la ciudad y uno de los más bellos. La peque-ña placeta circular, con una fresca fuente octogonal que aporta el único sonido que parece reinar en tan tranqui-lo lugar, es tenida como uno de los ejemplos más bellos de la Barcelona medieval, pero en realidad, no es así.

El lugar recibe el nombre por la iglesia de estilo barro-co que preside la plaza, Sant Felip Neri, dedicada al santo predicador y jesuita nacido en Florencia en 1515 y muerto en Roma en 1595. La iglesia fue construida por el arquitecto Pere Bertrán entre 1748 y 1752 y albergó en una construcción aneja más antigua, desde 1673,

En la plaza de Sant Felip Neri estaba el Fossar dels Condemnats, donde se enterraba a los muertos en la horca.

Edificio del antiguo gremio de zapateros y calderos, en la plaza de Sant Felip Neri.

a la orden de los Sacerdotes Seculares de Sant Felipe Neri, autorizados a establecerse por el obispo Oleguer.

A la izquierda de la plaza, según se entra desde la Catedral, estaba la llamada Prisión de los Renegados y en el centro, que hasta principios del siglo XX no era más que un espacio abierto, estaba el Fossar dels Condemnats (el foso de los condenados), donde se sepultaba a los condenados a la horca, lo que incluía ladrones, asesinos, brujas, traidores o renegados de la fe. Enfrentando la entrada, a la izquierda de la iglesia, se encuentra el Museo del Calzado, que ocupa el edificio del antiguo gremio de zapateros y también el de calderos.

Fue en los años cincuenta cuando se acometió la remodelación de este espacio, fuertemente afectado por la Guerra Civil. El arquitecto municipal Adolfo Florensa dirigió la reconstrucción que consistió en trasladar parte de las fachadas de dos de los edificios renacentistas, la instalación de la fuente y el empedrado del suelo, utilizando para ellos restos de los edificios circundantes, de modo que el resultado quedó plenamente integrado en el entorno medieval.

La anécdota

En enero de 2007, el antaño alcalde de Barcelona, Jordi Hereu, descubrió una placa en la plaza de Sant Felip Neri en recuerdo de un luctuoso suceso acaecido en el lugar en 1938, en plena Guerra Civil. El día 30 de enero, menos de un año después del bombardeo y destrucción de la villa de Gernika por parte de la Luftwaffe alemana, una escuadrilla de aviones de la Aviación Legionaria Italiana, al servicio de Franco y la rebelión militar, sometió al centro de la ciudad de Barcelona a un violento bombardeo, dirigido especialmente contra la población civil. Entre las nueve de la mañana y las once y veinte, se lanzaron cientos de toneladas de bombas, especialmente contra el superpoblado barrio de la Barceloneta y sus alrededores. Los aviones de caza soltaban su carga explosiva y luego ametrallaban a los ciudadanos que huían despavoridos buscando los refugios antiaéreos. La iglesia de Sant Felip Neri, donde se habían refugiado los niños de un orfanato, y sus alrededores fueron también atacados y una potente bomba cayó sobre la bóveda de la iglesia. De resultas de la explosión se hundió el techo del sótano donde se habían refugiado cuarenta y dos personas, las cuales perecieron todas, entre ellas veinte niños, y de la iglesia sólo quedó parte de su estructura y de la fachada.

✻ ✻ ✻

Plaza de Sant Jaume

La vía

La plaza de Sant Jaume, llamada de la Constitución en 1840 cuando se abrió con su estructura actual, es sin duda el centro político y administrativo de la ciudad de Barcelona. Su forma actual data de 1841 cuando se terminaron las obras de ampliación, pero su existencia es mucho más antigua. Barcino, la ciudad romana origen de la actual, tenía en ella su centro, el foro romano típico cruce de dos importantes vías, la Cardo Máximus y el Decumanus Máximus. Hacia 1057 hay constancia de la construcción de la iglesia de Sant Jaume y de una pequeña plaza, cruce del eje formado por las Llibreteria-Escrivanies-Call de norte a sur y de Bisbe-Ciutat-Regomir, de este a oeste. Ya entonces se dio el nombre de plaza de Sant Jaume a ese pequeño espacio donde tuvo su origen el Palacio de la Generalitat, donde se reunía el organismo encargado de la recaudación de impuestos. En 1597 se inició la construcción del edificio de la Generalitat, obra del arquitecto Pere Blai, que se amplió y terminó al año siguiente, lo

Fachada principal del edificio del Ajuntament de Barcelona.

que desplazó la plaza hacia el lugar en que se encuentra ahora y fue ya en 1823, cuando el ayuntamiento decidió derribar la iglesia de Sant Jaume y otros edificos anexos, cuando la plaza adoptó su forma actual. El edificio frontal, el Ajuntament, es también una construcción del siglo XIII cuando se instaló allí el Consell de Cent, organismo regidor de la ciudad que fue remodelado a los largo del siglo XIX en los años en que se reformó la plaza. En la actualidad, la plaza es una superficie empedrada con escaso tráfico rodado a donde van a morir algunas de las calles más significativas de la ciudad, como el Call, Bisbe, Ciutat, Jaume I o Sant Honorat. El trasiego de turistas es constante, tanto por la belleza de la plaza como por su proximidad a lugares de extraordinario interés como el Call judío, la catedral o –más prosaico– locales para reponer fuerzas, de tradición, como Conesa. Ningún colectivo ciudadano que se precie deja nunca de manifestarse en la plaza de Sant Jaume y el color y el folklore lo ponen castellers, sardanistas y pesebristas que viven en la plaza algunas de sus jornadas más importantes.

La anécdota

Es difícil elegir una sola anécdota o un hecho histórico de la plaza de Sant Jaume que sea especialmente significativo o poco conocido, pues hablar de la plaza de Sant Jaume es hablar de la Historia de Barcelona, con mayúscula. Desde la proclamación de la República Catalana por Francesc Macià en 1931 hasta la presentación de las copas de Europa ganadas por el F.C. Barcelona, de todo ha habido en esa plaza en los últimos tiempos. Tal vez el episodio más emotivo para los barceloneses fue el que tuvo lugar el 23 de octubre de 1977. Ese día, Josep Tarradellas, presidente de la Generalitat en el exilio desde 1954, se asomó al balcón del edificio que se abre sobre la plaza, entonces sede de la Diputación, y gritó a los asistentes: «Ciutadans de Catalunya, ja sóc aquí!» (¡Ciudadanos de Catalunya, ya estoy aquí!) dando término así a cuarenta años de dictadura y de exilio. Demos pues cuenta de una anécdota curiosa que tal vez sea menos conocida.

Cuenta Víctor Balaguer que, durante muchos años, el Consejo de Barcelona no tenía lugar donde reunirse y lo hacían bien en alguno de los conventos de la zona, como el de los dominicos o el de los franciscanos, e incluso en casas particulares. Hay constancia de que el Consejo, en 1338, alquiló a Francesc Fivaller unos porches en la casa que tenía entonces en la pequeña plaza de Sant Jaume para poder guardar allí la documentación y los archivos de las reuniones. Precisamente, en la entrada del edificio hay una estatua de Fivaller junto a la de Jaume I, enmarcando el acceso. Se le pagaron, según documentos de la época, 10 libras a la firma del contrato y 10 más a la ocupación del lugar y fue en 1369 cuando se decidieron a comprar una casa a Simón de Robira, junto a la pared de la iglesia de Sant Jaume, para tener un edificio propio y permanente. Una vez derribada, se construyó allí la nueva sede del Consejo que quedó lista en 1373, el edificio original de lo que hoy es el Ajuntament. La entrada del antiguo edificio, anterior a la reforma culminada en 1823, estaba en la calle Ciutat y de aquella primera edificación queda el Salón de Ciento y gran parte de la estructura, aunque se ha perdido el Patio de los Naranjos primitivo, que sí se ha conservado en el edificio frontal, el de la Diputación, palau de la Generalitat en la actualidad.

✻ ✻ ✻

Calle de Santa Anna

La vía

Bajando por la Rambla a mano izquierda, nada más salir de la plaza de Catalunya, se abren en el mismo lugar dos calles que de estar juntas se separan hasta ir a morir en el Portal de l'Àngel. Una de ellas es la calle de Santa Anna, nombre que ya tenía antes de la remodelación de 1865. El personaje al que está dedicada la calle se refiere, naturalmente, a Ana, madre de la virgen María, según el evangelio apócrifo llamado de Jaime, escrito en el siglo II y al que la Iglesia Católica no concede el privilegio de ser creíble. La calle toma su nombre de la colegiata, o parroquia mayor del mismo nombre construida en 1141 y que es uno de los edificios góticos más notables de la ciudad. Su cimborrio, aún inacabado, es del siglo XV y en la capilla del Santísimo luce una magnífica pintura de Pere Pruna. Especialmente interesante es el claustro de doble galería, muy tranquilo y con frondosa vegetación. La calle Santa Anna se vive más hoy en día como un calle de paso entre la Rambla y el Portal de l'Àngel, pero es muy interesante la escondida plaza de Ramón Amadeu que da paso a la iglesia. En la acera de enfrente, mediada la calle, se abre (y se cierra pues no tiene salida) el callejón de Bonaventura, dedicado al santo Giovanni Fidanza di Ritello, Bonaventura di Bagnoregio que vivió entre 1221 y 1274. No hay más razón para dedicarle esa pequeña vía que el hecho de existió allí una pequeña capilla dedicada a él, que ha desaparecido, pero el nombre de la callejuela quedó para la posteridad. La calle Bertrallans, un poco más adelante, hace referencia a un ilustre barcelonés de la época, propietario de los terrenos donde se abrió la calle.

La anécdota

Antigua placa de la calle de Santa Anna que daba la bienvenida a los transeúntes.

La Colegiata de Santa Ana de Canónigos del Santo Sepulcro, fue fundada a partir de 1141 como convento con la intervención del conde de Barcelona Ramon Berenguer. Las primeras actividades de la comunidad –según la Orden todavía existente– se documentan en 1145 y pasan algunos años antes de la edificación de la iglesia y convento definitivos. Sin embargo, la Orden del Santo Sepulcro, se acogió a la regla de San Agustín y hay referencias de la construcción, por los agustinos, de la primera obra de Santa Ana en el año 1141 y que se terminó en 1146. Consta, también, que un canónigo llamado Carfilius aceptó la iglesia de Santa Ana en nombre de la comunidad del Santo Sepulcro. Así pues, existía un templo anterior o en construcción a la llegada de los referidos canónigos. Éstos formaban parte de la orden de Caballeros del Santo Sepulcro, fundada tras la Primera Cruzada en 1098 y que era de las llamadas mixtas, es decir formadas por laicos y monjes. En pocos años llegó a acumular un rico patrimonio y el centro fundado en Barcelona llegó a tener mucha importancia en toda la península, llegando a poseer funciones directivas sobre amplios territorios. En su decadencia, aproximadamente en 1420, Santa Ana se unió al templo de Santa Eulàlia del Campo y pasó a llamarse Santa Ana y Santa Eulàlia. Fue secularizado, es decir traspasado al clero secular, en 1592 ya como colegiata y así se mantuvo hasta 1835 que pasó a ser parroquia. Los canónigos de la orden del Santo Sepulcro se dedicaron desde su fundación a menesteres relacionados con la caridad y el cuidado de enfermos y heridos, primero en Palestina y luego por diversos países europeos por donde se fueron extendiendo. No portaban espadas como sí lo hacían los caballeros laicos de la orden y eran individuos provinentes de la nobleza.

Plaza y calle de Santa Maria

La vía

Como nos contó en forma novelada Ildefonso Falcones en su novela *La catedral del mar*, la iglesia conocida como Santa Maria del Mar fue edificada entre 1329 y 1390 con el esfuerzo de los feligreses, marineros en su mayoría, del barrio de La Ribera que era entonces el barrio marítimo de Barcelona cuando el mar llegaba mucho más adentro de la ciudad de lo que llega ahora. En el frontal de la iglesia y en su lado derecho, según se mira la entrada principal, existían sus dos cementerios, el fossar Major y el fossar de les Moreres. Los maestros de obras de la iglesia fueron Berenguer de Montagut –que también construyó la catedral de Palma– i Ramon Despuig –constructor del claustro de la catedral de Vic. El antiguo fossar Major es hoy en día la plaza de Santa Maria, una pequeña y elegante plaza frente a la entrada principal de la iglesia, empedrada y con bellos y antiguos edificios a su alrededor, con algunos comercios y locales de recreo que han mantenido la arquitectura medieval del entorno y otros de líneas más atrevidas pero que no desentonan. El lateral derecho de la iglesia ha formado a partir de 1900 la calle Santa Maria que la separa del antiguo fossar de les Moreres (de las moreras) donde cuenta la tradición que se enterraron en 1714 a los defensores de la ciudad frente a las tropas de Felipe V. Los alrededores de la iglesia lo forman pequeñas callejuelas con los nombres de los antiguos gremios, Argenteria (Platería), Sombrerers, Esparteria o Mirallers.

La anécdota

Cuenta Manuel Bofarull en su libro *Crims i Misteris de la Barcelona del Segle XIX* un hecho en parte divertido y en parte misterioso acaecido en la iglesia de Santa Maria del Mar en 1854. El hecho, conocido como el del «misterioso tedéum» tuvo lugar el 14 de mayo de 1854 alrededor de la figura de Josep D. Costa i Borràs, eminente obispo natural de Vinaroz y muy destacado por sus intransigentes posturas reaccionarias contra todo lo que no fuera el poder de la Iglesia. Sus posturas tan antiliberales y agresivas le hicieron incluso perder su cátedra en la Universitat de Valencia y a su llegada a Barcelona como obispo, en 1848, inició una feroz campaña contra una ciudad que le pareció dominada por el diablo y por los periodistas a los que, sin distinción, llamaba «herejes». Tan feroz era su intransigencia que incluso se enfrentó a don Juan Zapatero y Navas, capitán general de Catalunya con fama de duro con la oposición liberal, que a monseñor le parecía demasiado «tibio», y finalmente fue llamado a Madrid en abril de 1854 para evitar males mayores. A los pocos días de su salida para Madrid, el dicho 14 de mayo, se celebró en la iglesia de Santa Maria del Mar un tedéum, un solemne oficio religioso hoy no muy frecuente pero que sí lo era en aquellos años. Al tedéum no asistió demasiada gente, pero una vez terminado, se encontraron en los asientos y por el suelo, gran cantidad de octavillas, firmadas por «El representante de cien mil catalanes» en las que informaba que el tedéum había sido oficiado en agradecimiento a Dios porque les había librado de monseñor Costa i Borràs. El escándalo fue mayúsculo, con intervención de la Santa Sede incluida, pero después de arduas investigaciones cada vez más complicadas, no se llegó a saber si el hecho era cierto, quién había encargado el tedéum o de dónde salieron las octavillas. Finalmente, una carta al Diario de Barcelona de los sacerdotes de Santa Maria del Mar negando lo afirmado en el texto, el tedeum de Acción de Gracias, dio por zanjado el asunto.

✖ ✖ ✖

Calle de Sants

La vía
Entre el pasaje de la Espanya Industrial y la calle Badal, el antiguo Camino de Madrid toma el nombre de calle de Sants, o carretera de Sants, aunque sigue en línea recta desde la carretera de Collblanc a la calle Creu Coberta. Esta vía, organizada como un eje comercial, hace las veces de calle Mayor (Carrer Gran) que en otros antiguos pueblos adheridos a Barcelona tiene una orien-

tación de mar a montaña. El nombre, lo mismo que el del barrio, proviene de la antigua iglesia de Santa Maria de Sants, cuya primera construcción data del siglo VIII y que fue llamada así para recordar a una violenta persecución romana contra los cristianos que llenó el pueblo de mártires. En el número 71 y 73 de la calle ha tenido su sede hasta hace muy poco el Orfeó de Sants, una de las entidades más antiguas del barrio, heredera de los Coros de Clavé. Formado alrededor de 1901, el Orfeó se nutría sobre todo de jóvenes de la clase obrera y sobrevivió hasta 1937 en que el desarrollo de la Guerra Civil impidió su vida normal. Vuelto a la actividad en 1940, goza de gran vitalidad y prepara su traslado a una nueva y moderna sede. A la altura de la calle Olzinelles se abre la placeta dedicada a Fructuós Gelabert, el verdadero fundador del cine español, pionero en todos los sentidos que vivió muchos años en el barrio de Sants y aunque nominalmente está en la calle Creu Coberta, el antiguo Ajuntament de Sants, convertido en sede del distrito, se alza todavía como uno de los edificios más notables de la calle.

La anécdota

Probablemente una de las anécdotas más curiosas de Barcelona, que roza la leyenda urbana, es lo sucedido años antes de agregarse el municipio a Barcelona. Se cuenta que, una tarde de domingo en la que los concejales de Sants jugaban a las cartas en un bar cercano al Ajuntament, se presentaron los Mossos d'Esquadra y los detuvieron en nombre del gobernador. Los guardias los condujeron a pie hacia Barcelona y por el camino encontraron al secretario municipal al que también detuvieron. Al llegar a la entrada de la ciudad, la Creu Coberta, los subieron a unos carros ya dispuestos y les vendaron los ojos trasladándolos después durante horas sobre los carros. Evidentemente, los supuestos Mossos d'Esquadra no eran tales, sino bandoleros disfrazados que les llevaron hasta un sótano donde les tuvieron encerrados durante días hasta que se pagó un rescate. Durante el encierro, dio la casualidad que uno de los concejales, natural de Badalona, reconoció las campanas de una iglesia de su pueblo y una vez liberados, condujeron a las auténticas autoridades hasta dicha localidad e iniciaron la búsqueda del lugar donde habían estado encerrados siguiendo los pasos que habían dado bajando escaleras y descendiendo a un pozo. Finalmente dieron con una casa de payés donde reconocieron el lugar del encierro y los autores pudieron ser detenidos.

❌ ❌ ❌

Calle del Sotstinent Navarro

La vía

Esta calle, dedicada a un militar y que ha sobrevivido a los avatares políticos de la ciudad, es una interesantísima vía que discurre paralela a la Vía Laietana desde la calle de Àngel Baixeres hasta la de Jaume I y continúa con el nombre de Tapineria hasta la avenida de la Catedral. El nombre se le dio definitivamente en 1980, ¡por fin!, después de oscilar durante años entre él y el nombre de calle de la Muralla Romana, porque ésta –la muralla– es el principal atractivo tanto de esta calle como de la de Tapineria. José Navarro, subteniente del Ejército español, había nacido en Novelda, Alacant, en 1770 y fue un gran héroe de la «guerra del Francés», ejecutado en 1809 por su resistencia a la invasión. Su gran heroísmo en la batalla contra el ejército de Napoleón que tuvo lugar en Molins de Rei, le valió el grado de subteniente y el reconocimiento de la ciudadanía. La calle, como queda dicho, está dominada en su lado izquierdo, según se sube desde el mar, por los restos de la antigua muralla romana, la que rodeaba el monte Taber, primer asentamiento de la colonia Julia Augusta Faventia Paterna Barcino, primero y rumboso nombre de la ciudad. La solidez de aquella muralla queda patente en los restos que adornan la calle y en la de Tapineria, llamada así porque estuvo allí el gremio de fabricantes de tapines, una especie de albarcas típicas de la Edad Media. Hasta época reciente, se sospechaba que la fundación de Barcelona había sido obra de cartagineses, en un asentamiento anterior a la llegada de los romanos, pero la realidad de las excavaciones y estudios efectuados, confirman que, aparte de algunos pequeños núcleos celtíberos, la ciudad construida por los romanos fue la primera y el origen de Barcelona.

La anécdota

En algún lugar, murallas adentro y cerca de la actual calle del Sotstinent Navarro, nació hace casi dos mil años un destacado barcelonés, seguramente el más antiguo del que se tiene noticia. Fue un patricio romano llamado Lucius Minicius Natalis Quadronius Verus, nacido en Barcino el año 97 durante el mandato del emperador Nerva. Era hijo de Lucius Minicius Natalis, que tuvo varios cargos importantes en las provincias de Numidia, Dacia y Panonia y llegó a ser senador y procónsul de África además de

amigo personal del emperador Trajano. Como era corriente entre los hijos de la clase alta, el joven Minicius Natalis, hijo, sirvió en el ejército, en Dacia, Moesia y Panonia, y como su padre, continuó su carrera política con varios cargos en la provincia africana de Cartaginensis, las actuales Libia y Túnez.

Hay constancia de que en el año 129, ya en tiempos del gran emperador Adriano, participó en los juegos que se celebraban aún en la ciudad griega de Olimpia, venciendo en la carrera de cuádrigas, aunque según

La calle del Bisbe era la arteria principal de la antigua ciudad romana.

todos los indicios, no era el auriga, sino el propietario de los caballos y del carruaje. Diversas inscripciones en piedra, en las provincias donde prestó sus servicios, dan cuenta de esta gesta, nada
menospreciable para la época. El nombre añadido Quadronius,
indica que su madre, probablemente, provenía de la familia de
Quinto Licinio Silvano Graniano Quadronio Próculo, también
patricio romano originario de Bétulo, la actual Badalona. Hacia
el año 126 Minicius, padre e hijo, hicieron una donación a su
ciudad natal, Barcino, para la construcción de unos baños, cuyos restos se conservan bajo la plaza de Sant Miquel en la parte
posterior del edificio del Ajuntament. La pista de Lucius Minicius Natalis se pierde después de su estancia como procónsul en
África y no se tienen noticias de dónde acabó sus días o dónde
murió, aunque es poco probable que volviera a Barcino.

✖ ✖ ✖

Calle de Tallers

La vía

Si buscáramos en Barcelona una calle que nos recordara el Can-
dem de Londres, esa sería sin duda la calle de Tallers. La calle
empieza su recorrido en la ronda de Sant Antoni, junto a la plaza
Universitat y va a parar a la Rambla en un recorrido paralelo a la
conocida calle Pelai. Atraviesa la plaza de Castella y se mantiene
peatonal en todo su recorrido, salvo en un corto tramo que rodea
la plaza. Hoy en día Tallers es un feudo de los aficionados a la música, básicamente a las distintas especialidades de rock, y el punto
de destino de aficionados o profesionales de los *tatoos*, siniestros,
heavys y otros elementos de la fauna ciudadana. Abundan las
tiendas de música, como las veteranas Revólver y Castelló, las
de instrumentos musicales y las siniestras cargadas de ropa y calzado en los que el negro es la divisa. En los tiempos de la Barcelona amurallada, una de las puertas, abierta en la ronda de Sant
Antoni, se llamaba Dels Ostallers y el mismo nombre tenía ya la
calle que partía de ella, aunque en 1900 se le adjudicó el nombre

La calle de Tallers es muy conocida por los más aficionados a la música.

de Tallers que era por el que se la conocía popularmente. Ya en el año de construcción de aquella sección de la muralla existía un «barri dels tallers» (barrio de los cortadores) que se refería a los cortadores de carne, o carniceros, que trabajaban en la zona. La calle guarda pequeños tesoros como el callejón que se abre en el número 45, aún cerrado por una verja, o los talleres y almacenes ya fuera de servicio del viejo diario La Vanguardia. De su zona central parte la calle Ramalleres, la calle donde se agrupaban los artesanos de preparación de ramos de flores desde 1601, y más abajo, cerca de la Rambla, la corta calle Dels Sitges, o lo que es lo mismo, de los Silos, en cuyo embaldosado todavía se pueden distinguir las bocas de los silos para cereal que aún se utilizaban a principios del siglo XIX.

La anécdota

El espacio que hoy ocupa la plaza de Castella fue ocupado durante el siglo XIX por el Hospital Militar de la ciudad que se trasladó después a la parte alta de la ciudad, en Vallcarca. Ese Hospital fue hasta la desamortización, en 1835, el convento de los frailes Mercedarios y tuvo un gran protagonismo en la jornada del 19 de julio de 1936 pues allí fueron llevados muchos de los heridos del alzamiento y de la posterior represión. Por él habían pasado también los heridos repatriados de ultramar, de las guerras de Cuba y Filipinas, y de las diversas campañas de

África del XIX y el XX. Entre 1936 y 1939 se derribaron varias construcciones en la zona, una de ellas el Hospital Militar de Tallers. En ese hospital estuvo internado el ilustre escritor ácrata Eduardo Pons Prades y en esa misma calle, muy cerca de la Rambla, fue detenido el 17 de abril de 1937 el sacerdote Ramón Oromí Sunyà, periodista, director de las publicaciones *La Sagrada Família y Hoja Nazarena,* autor de la primera biografía del Padre Manyanet y de numerosos escritos. El alzamiento le había sorprendido en el balneario de Vallfogona, regresó a Barcelona donde se ocultó durante un tiempo hasta que fue localizado y detenido. Fue fusilado en Montcada el día 3 de mayo acusado de apoyar la rebelión. Hoy en día, la plaza de Castella es lugar de reunión de dos colectivos básicamente diferentes: por un lado, indigentes y vagabundos que ocupan parte del césped de la plaza y por otro grupos de «siniestros» que ponen la nota moderna y de color (negro) a la plaza.

✖ ✖ ✖

Calle de Torrijos

La vía

La calle dedicada a José María Torrijos, peatonal hoy en día, comunica en línea recta la calle Puigmartí, por debajo de la travesera de Gràcia, con la plaza de la Virreina, una de las más espectaculares y grandes de Gràcia que ocupa una antigua finca propiedad de Manuel Amat, el virrey de Perú, que la construyó como su hogar en Barcelona cuando regresó de América. En la misma plaza está la iglesia parroquial de Sant Joan, construida en 1894 por Francesc Berenguer, discípulo de Gaudí, incendiada en 1909, durante la Semana Tràgica, y reconstruida de nuevo por Berenguer. Más abajo, en el número 14 se puede admirar también otro precioso edificio modernista de Berenguer que también es autor de la Casa Rubinat, en la adyacente calle de l'Or. El nombre de la calle, Torrijos, se despacha en el nomenclátor del Ajuntament de Barcelona con una escueta nota: «*José María Torrijos (Madrid*

1791–Málaga 1831). Militar y político castellano. Luchó en la guerra del Francés», pasando por alto que fue uno de los militares liberales más destacados del siglo XIX, correligionario de Riego, enemigo de la Restauración absolutista de Fernando VII, comisario de Guerra durante el Trienio Liberal y fusilado por sus ideas el 11 de diciembre de 1831, hecho inmortalizado en un magnífico óleo de Antonio Gisbert que se exhibe en el Museo del Prado. Si a todo ello se añade que parte de su familia vivió en el barrio de Gràcia donde tenía muchos seguidores, tiene sentido que el barrio revolucionario y obrero le dedicara una calle y no lo tiene que el Ajuntament barcelonés le preste tan escasa atención.

La anécdota

Según nos cuenta Albert Mussons en su libro *Gent de Gràcia*, en el número 7 de esta calle de Torrijos estuvo hacia 1898 la sede de la Sociedad Progresiva Femenina, una de las instituciones feministas más antiguas de España. La artífice de esta sociedad fue Ángeles López de Ayala, republicana, librepensadora y feminista,

nacida en Sevilla en 1856 pero integrada totalmente en Gràcia desde muy joven. Poetisa y escritora, represaliada a menudo por el régimen monárquico español, era sobrina de Adelardo López de Ayala que sería ministro y diputado de las Cortes pero eso no la libró de pasar por la cárcel y que su casa de Santander fuera incendiada por sus enemigos reaccionarios.

Ángeles, huérfana desde niña, había ingresado en un convento que abandonó poco después. Acorde con sus ideas revolucionarias colaboró en diversas publicaciones y tras casarse ingresó en la masonería y se afilió en Gràcia a la organiza-

En la calle de Torrijos estaba la sede de la Societat Progressiva Femenina.

ción masónica La Constancia. Durante su vida en Gràcia fundó varias publicaciones de corta vida pero de gran influencia, El Progreso, El Gladiador, órgano de la Sociedad Progresiva; El Libertador y El Gladiador del Librepensamiento. Junto a Amalia Domingo Soler y Teresa Claramunt impulsó la Sociedad Autónoma de Mujeres de Barcelona.

En 1910 intervino en el Primer Congreso Librepensador Español, un movimiento laico y anticlerical cuyo objetivo era la liberación del pensamiento y de la enseñanza, monopolizado hasta entonces por la Iglesia Católica. Como autora de teatro, Ángeles López de Ayala escribió tres obras destacadas, todas ellas con aire reivindicativo, *Lo que conviene a un marido*, *Absurdos sociales* y *De tal siembra tal cosecha*.

✳ ✳ ✳

Plaza Trilla

La vía

A ambos lados de la calle Gran de Gràcia se abre una pequeña plaza, la plaza Trilla, con recuerdos de lo que fue la villa en otros tiempos, un pueblo agrícola con una personalidad y un mundo propios. En esa pequeña plaza se levanta todavía la masía del siglo XVII conocida como Can Trilla, de espaldas a Gran de Gràcia, como si no quisiera saber nada del progreso, y encajonada entre bloques de pisos.

La plaza data de 1825 cuando la viuda del propietario de la heredad Can Simó –que luego se llamaría Trilla– solicitó la urbanización del entorno que realizó el arquitecto Pere Serra i Bosch. El nombre de Trilla, asignado en 1860, le viene de Antoni Trilla i Escarabatxeras, abogado y propietario de los terrenos. En un principio el nombre asignado a la plaza fue el de Sant Antoni, en homenaje a Trilla, pero muy pronto se la bautizó como de la Reina Amàlia –por la tercera esposa de Fernando VII–, otra vez de Sant Antoni y posteriormente de la Reina Cristina, la cuarta esposa del mismo rey, una reina con mucha contestación en toda

España y cuando dejó el poder se bautizó la placeta con el nombre de Trilla. Tras la última remodelación, en los años sesenta, la plaza quedó como una pequeña isla peatonal adornada con un pequeño palmeral, una fuente de hierro un monumento a las collas sardanistas de Sant Medir y una continuación peatonal en la calle de Santa Magdalena. La remodelación fue obra de los arquitectos Jaume Bach y Gabriel Mora y a pesar de la calle Gran, sigue manteniendo una extraña paz que contrasta con el ruido de la cercana vía.

La anécdota

Uno de los acontecimientos del mes de agosto en Barcelona, de los pocos que tienen lugar en ese tórrido mes, es el de las fiestas de Gràcia. Comparada con las fiestas patronales de otros pueblos se la considera fiesta relativamente reciente pues hasta principios del siglo XIX la fiesta del lugar era la de San Isidro, en el mes de mayo, festividad eminentemente campesina.

El gran desarrollo artesano e industrial de Gràcia en el siglo XIX trajo también un cambio en sus fiestas patronales que se trasladaron a los alrededores del 15 de agosto. Ahí difieren los historiadores pues hay quien mantiene que se celebra la Virgen de Agosto, el día 15, y quien dice que lo que se celebra es San Roque, el día 16, un contencioso que suelen tener también otros pueblos con fiestas patronales en las mismas fechas. En lo que sí están de acuerdo unos y otros es en que la primera fiesta, o las primeras, se celebraron en la explanada frente a Can Trilla, lo que hoy es la plaza, y que probablemente la fecha inicial de esa costumbre ronda alrededor de 1817.

En el diario de Barcelona del 19 de agosto de 1827 aparece una nota de referencia de las fiestas donde se da a entender que se celebra desde antiguo la fiesta –dedicada a la Virgen de Agosto– a causa de la destrucción del Convento de Jesús, en 1813, obra de los ocupantes franceses, donde tenía lugar anteriormente. Al paso de los tiempos, la fiesta de Can Trilla ha ido evolucionando desde los bailes tradicionales hasta su aspecto actual. El embellecimiento de las calles, una de sus características más importantes, se desarrolló durante la segunda mitad del siglo XIX con el toque especial, absolutamente popular de todo lo que surge de Gràcia. Los entoldados en las plazas, los adornos, los bailes, todo es espontáneo y organizado por los vecinos, incluso en los difíciles años de la postguerra, hasta la época actual en la que las asociaciones de vecinos tiene un gran protagonismo.

❊ ❊ ❊

Calle Unió

La vía

La corta calle Unió se proyectó en 1836 con la finalidad de dar una salida a la del Marquès de Barberà hacia la Rambla de los Capuchinos y se terminó de urbanizar en 1840. Según el historiador Roca i Comas, el nombre parece responder a un deseo de superar los enfrentamientos y discordias de una época marcada por las luchas entre liberales y conservadores, frecuentemente manifestadas quemando iglesias, pero según un antiguo documento municipal, se trata de un homenaje a Luís Fermín de Carvajal y Vargas, Conde de la Unión, que había sido gobernador y capitán general de Catalunya, presidente de la Audiencia y comandante en jefe del Ejército del Rosselló.

La calle es muy corta y se abrió derribando el convento que cerraba el paso hasta la Rambla. En el centro de su trazado está partida por la calle de Les Penedides (de las Arrepentidas) llamada así porque desde 1699 existía aquí el convento de las Hijas Arrepentidas de Santa Magdalena, una orden que recogía a las mujeres de «mala vida» que querían dejarlo, entendiendo por mala vida la prostitución. El convento, de estricta clausura y misterio, sobrevivió hasta 1835 en que la desamortización las expulsó y su convento cayó para abrir una nueva calle. La calle Unió es ahora una vía que en nada se diferencia de la del Marquès de Barberà que es continuación, pero la calle Penedides está en un abandono casi total, con sus viejas casas mostrando el paso del tiempo.

La anécdota

A última hora de la tarde del 19 de junio de 1855, frente al número 21 de la calle Unió, entre la calle Penedides y la Rambla, tuvo lugar uno de esos crímenes que se calificaban de «románticos» en el siglo XIX y que hoy llenan de horror y se califican de «violencia de género». Un joven coronel del Ejército, Blas de Durana, asestó trece puñaladas mortales a doña Dolors Parrella de Plandolit, baronesa consorte de Senaller que salía en aquel momento con su hermano y su cuñada de la casa mencionada para dirigirse al teatro del Liceo. El asesino, que la apuñaló al grito de «¡Toma, infame!», utilizó un gran machete de los usados por los montañeros y fue tal la violencia de los golpes que incluso le torció la punta. Inmediatamente fue detenido y reducido por dos agentes de la milicia y otros transeúntes aunque se dice que no opuso ninguna resistencia y se declaró culpable con premeditación aunque en su defensa afirmó que la quería. Los tiempos no eran especialmente libres para la prensa, en especial por la presencia del despiadado capitán general Juan Zapatero y Navas, así que los diarios se atrevieron a publicar tímidamente la noticia afirmando que «parecía ser un oficial del ejército» y declarándose dispuestos a rectificar si algo no resultaba cierto. Con la mayor discreción se fue aventurando que asesino y asesinada mantenían una relación íntima «siquiera fueran del todo inocentes» decía un asustado o ingenuo periodista de la época, pero en el juicio posterior, se estableció que el enamorado asesino tenía ataques de locura y de celos porque su pasión no se veía correspondida. Finalmente y a pesar de las súplicas, los recursos y las demandas de clemencia, el coronel fue condenado a muerte pero no como él esperaba, por fusilamiento dada su condición de militar, sino mediante garrote vil, pero no llegó al cadalso. Cuando fueron a buscarle para ejecutarlo públicamente en la explanada donde hoy está la estación de Francia, el coronel había muerto envenenado por su propia mano con una cápsula de cianuro, pero eso no hizo cambiar para nada la ejecución, según el Código de Justicia Militar de la época, y los responsables procedieron a dar garrote vil al cadáver del coronel Blas de Durana.

✖ ✖ ✖

Plaza de la Universitat

La vía

La plaza de la Universitat de Barcelona es uno de los centros comerciales, turísticos y de comunicaciones de la ciudad con el valor añadido del edificio de la universidad que la convierte también en centro cultural. Se llama así, obviamente por la existencia del edificio que en los ambientes estudiantiles se conoce como «la central». El edificio fue construido siguiendo los planos de Elies Rogent, en estilo románico catalán inspirado en el monasterio de Poblet, entre 1863 y 1881 en que se acabó de instalar el campanario de hierro y el reloj, aunque ya en 1871 se pudieron empezar a impartir algunas clases. Los trabajos tuvieron un gran impacto en la ciudad, ya que era uno de los primeros edificios que se construían fuera de las antiguas murallas y la calidad arquitectónica y la categoría de sus obras artísticas hizo que el edificio fuese declarado monumento histórico-artístico nacional en 1970. La plaza ha tenido siempre una vida ciudadana interesante marcada por la universidad y el ambiente creado en torno a ella, con sus jardines y la existencia, fuera, de lugares de reunión como el bar Estudiantil, todo un mito o la explanada central donde *skaters* llegados de toda Europa disfrutan de su dura superficie. La plaza Universitat está atravesada por la Gran Via y de ella parten las rondas –la ronda Universitat y la de Sant Antoni– las comerciales calle Pelai y Tallers y la calle Aribau, típica del Eixample. En los números 6 y 7 de la plaza, frente a la universidad, sobrevive La Mallorquina, uno de los comercios más antiguos de la ciudad dedicado a las ropas de cama.

La anécdota

En el número 10 de la plaza, justo cuando arranca la calle Pelai, existió hasta el 6 de junio de 1981 uno de los almacenes comerciales más conocidos de Barcelona: El Águila. Ese día, un espectacular incendio acabó con un edificio emblemático en la plaza, que llevaba funcionando al ralentí casi seis años, desde que se declaró en quiebra la sociedad que lo sustentaba. Según manifestaron los bomberos, el fuego se había propagado rápidamente a causa de la carencia de las más elementales medidas de seguridad, por la acumulación de géneros de fácil combustión y por la falta de extintores o medidas antifuego. La estructura, metálica, quedó seriamente dañada y hubo que derribar lo que quedó tras el incendio.

Los almacenes El Águila, de Julio Muñoz Ramonet, ocupaban las instalaciones en un edificio ya existente en la plaza de la Universitat y en su fachada resaltaba una espectacular águila metálica que coronaba el edificio. Aproximadamente a las 12 y 20 de ese día, 6 de junio, un testigo vio las llamas desde la calle, dio aviso y los bomberos llegaron unos veinte minutos después. Por suerte, solo la planta baja seguía abierta al comercio y las otras cuatro se empleaban como almacén por lo que apenas si había cien personas que pudieron salir sin problemas antes de que el fuego fuera peligroso para ellos. Pareció que todo se conjuraba contra El Águila pues a la rápida combustión del gran letrero de la fachada se sumó la poca presión del agua a causa de un escape previo en un sótano de la zona y en pocos minutos la columna de humo llegó a más de cuarenta metros de altura.

El fuego se propagó rápidamente de las letras del cartel iluminado que da nombre al edificio a las plantas tercera y cuarta. La falta de presión en las bocas de riego de la plaza Universitat hizo que los bomberos no pudieran atajar el fuego con premura y facilitó la rápida propagación de las llamas en un incendio que en condiciones normales hubiera podido ser sofocado con rapidez. Ello fue debido a que en un sótano de un inmueble cercano hubo una inundación de agua producida por un escape horas antes del incendio. La compañía de aguas de Barcelona cortó el suministro y ello originó un descenso en el caudal de las bocas de riego. El incendio fue muy oportuno para el propietario de la firma Almacenes El Águila, Julio Muñoz Ramonet, implicado en supuestos delitos de estafa y que no veía la manera de deshacerse del edificio.

※ ※ ※

Calle de València

La vía

Aprobado su nombre en el año 1900, la calle llevaba la letra K en el Pla Cerdà y es una más de las paralelas a la Gran Via con una longitud semejante a las de las adyacentes Mallorca o Aragó. Discurre desde la calle de Tarragona, al límite del barrio de Hostafranchs, hasta la calle de Espronceda en el Clot, donde cambia de nombre para convertirse en calle de Huelva. En su tramo central, como en casi todas las paralelas, florece un diversificado comercio y en el número 284 se encuentra el Museo Egipcio, Fundación Clos, uno de los más interesantes de la ciudad obra de Jordi Clos i Llombart, barcelonés, presidente de la cadena hotelera Derby Hotels. Posee el museo una magnífica colección de más de mil piezas del antiguo Egipto, una biblioteca con 10.000 volúmenes sobre el mismo y un programa de estudios que incluye becas de investigación e incluso para la visita sistemática al museo.

En el cruce con el paseo de Sant Joan se encuentra una de las iglesias más modernas y originales de Barcelona, la Parroquia de San Francisco de Sales, junto al Colegio de los Hermanos Maristas aunque su entrada está en el paseo. Es una llamativa construcción de finales del siglo XIX realizada en obra vista de ladrillo rojo, adornada con coloridos azulejos y cerámicas, obra de Joan Martorell. En la esquina de la calle Bruc se encuentra el Conservatorio de Música de Barcelona, original edificio obra de Antoni Falguera de finales del siglo XIX. Casi al principio de la calle, a la altura del número 15, se abren los jardines Safo, dedicados a la poetisa griega Safo, de Lesbos, que vivió entre los siglos VII y VI a.C. de cuyos ardientes poemas homosexuales derivó el adjetivo de sáfico o los términos lesbiana o lesbianismo.

La anécdota

Uno de los hechos más misteriosos acaecidos en Barcelona desde la Guerra Civil sucedió precisamente en la calle de València, en el número 474 que se encuentra casi en el cruce con la calle

Lepant. En un piso de ese bloque aparecieron asesinados el día 5 de octubre de 1985 dos marineros israelíes, el calderero Joseph Abu Yaacob, de 32 años, y el marinero Joseph Abu Zion, de 36, ambos tripulantes del mercante *Zim California*, atracado en el puerto de Barcelona y cuya desaparición había sido denunciada varios días antes. El hecho se convirtió inmediatamente en un conflicto internacional pues una llamada a un medio de comunicación reivindicó el crimen en nombre de Fuerza 17, un grupo de agentes de élite perteneciente a la Organización para la Liberación de Palestina, OLP. Los dirigentes de la OLP desmintieron inmediatamente la autoría afirmando que la organización no actuaba nunca fuera de los territorios palestinos ni tenía por costumbre hacer llamadas reivindicativas, y el Gobierno israelí acusó a la dirección de la OLP de orquestar el crimen. La policía española identificó a uno de los presuntos asesinos, un palestino de nacionalidad jordana, fichado por la Interpol, y que estaba realquilado en la vivienda donde se cometió el crimen. El titular del alquiler, que realquiló una habitación al sospechoso, era un jordano nacionalizado español llamado Osama Ezzaher al Masri. En el piso donde se cometió el crimen se encontró un pasaporte jordano, falso, con la foto del presunto asesino y un nombre que era el mismo que había dado en el contrato de subarrendamiento. Entre desmentidos e investigaciones, empezó a trascender la hipótesis de que los dos marineros eran agentes del Mossad, los servicios secretos de Israel, que cayeron en una trampa tendida por su asesino, pero la investigación se fue diluyendo hasta desaparecer de los medios de comunicación.

✖ ✖ ✖

Via Laietana

La vía

El nombre de Via Laietana con el que se conoce a esta arteria barcelonesa, corresponde al pueblo ibérico pre-romano de los layetanos, asentados en el territorio que rodea a la ciudad desde el

Vallès hasta el mar. Se dice que existía una mítica ciudad llamada Laie situada más o menos entre la cantera romana de Montjuïc y el cementerio. La vía fue proyectada en 1879 como una línea de comunicación rápida entre el Eixample y el puerto, atravesando la ciudad antigua y arranca en la plaza de Urquinaona desembocando en el mar, frente al puerto viejo o Port Vell. El 10 de marzo de 1908 fue el día en que se iniciaron las obras de apertura de la que se conocía entonces como Gran Vía A de la Reforma Interior, siguiendo el Pla Cerdà.

Los derribos para abrir la calle empezaron en presencia de Alfonso XIII con el edificio número 71 de la calle Ample, despejando el solar donde hoy en día está el edificio de Correos. Entre 1908 y 1913 se dio un gran impulso a la construcción de edificios, al alcantarillado e incluso a la construcción de túneles que serían utilizados años después por el metro. Muchos edificios que debían ser demolidos para abrir la vía, fueron desmontados piedra a piedra y reconstruidos en otros lugares de la ciudad y al mismo tiempo se recuperaron y restauraron diversos edificios góticos que fueron incluidos en el plan de apertura de Via Laietana, como la capilla de Santa Àgata, el Saló del Tinell, las casas de los canónigos, la Casa del Ardiaca e incluso la parte de muralla romana que aún hoy se puede admirar en los alrededores de la plaza de Ramon Berenguer.

La anécdota

En algunas grandes ciudades, Londres o Nueva York por ejemplo, existen todavía túneles y estaciones de metro bajo tierra abandonados hace años

La Via Laietana fue proyectada para comunicar el Eixample con el puerto.

Restos de la antigua estación de metro de Via Laietana.

y muchas veces desconocidos, algo que también existe en Barcelona. Una de estas estaciones está precisamente al final de la Via Laietana, en la confluencia con el paseo de Colom. Se trata de la estación de Correos que perteneció a la línea 3 y hoy en día es todo un misterio. Su entrada puede verse aún tapada con una sólida reja junto al edificio de Correos y pasar sobre ella sigue dando la sensación de que, en cualquier momento nos va a invitar a entrar. La estación fue abierta al uso el 20 de febrero de 1934 cuando el llamado Gran Metro, que circulaba entre Lesseps y plaza de Catalunya, fue desdoblado en dos ramales desde la estación de Aragó –hoy paseo de Gràcia– y alargado por un lado con las estaciones de Liceu, Ferran y Drassanes y por el otro por Urquinaona, Jaume I y Correus a lo largo de la Via Laietana. Esta estación, tenía una comunicación subterránea con el edificio de Correos y era utilizada por los servicios postales, pero cuando se creó la línea 4, en 1972, se cerró definitivamente tras la apertura de la estación de Barceloneta. El curioso puede todavía acercarse a esa rejilla que cierra la estación e intentar atisbar hacia la oscuridad del subsuelo.

⁂

Plaza de la Vila de Gràcia

La vía

La plaza de la Vila de Gràcia, de corte rectangular orientado de mar a montaña, es una de las más conocidas y significativas de la antigua villa de Gràcia, en parte por la existencia del Campanario, obra del arquitecto Rovira y Trias, erigida entre 1862 y 1864 y en parte por la ubicación de su ayuntamiento. El nombre anterior, Francesc de Paula Rius i Taulet, corresponde al que fue alcalde de Barcelona en cuatro ocasiones, entre 1872 y 1873, en 1874, entre 1881 y 1884 y finalmente entre 1886 y 1889, esta última etapa marcada por las grandes obras relacionadas con la Exposición Universal de 1898. Previamente, la plaza había ostentado el nombre de plaza de Oriente y de plaza de la Constitución, pero el vecindario, siempre más creativo, la ha llamado indistintamente, plaza del Campanario, plaza del Reloj o plaza de la Vila pues en ella estaba, y está, el antiguo Ajuntament de la Vila de Gràcia, hoy sede del distrito. La Casa de la Vila ha tenido una existencia tan ajetreada como la plaza que preside y como el barrio en general. Aunque no se conoce la fecha exacta del inicio de su construcción, se sabe que ha sufrido cuatro remodelaciones, siendo la del maestro de obras Francesc Berenguer la que le da el aspecto que hoy podemos contemplar. El campanario es una torre coronada por un reloj de cuatro esferas que se levantó para que pudiera ser visto desde cualquier punto de la antigua villa. En el interior del reloj, justo enfrente del ayuntamiento, hay una escalera en forma de espiral que permite ascender hasta la maquinaria del reloj, construida por Albert Billeter, y desde la barandilla superior se puede contemplar una magnífica vista del barrio y de toda Barcelona. Además de su valor arquitectónico y de su función de torre de vigilancia, el reloj es una pieza de gran valor histórico pues su constructor es el mismo que montó el de la Catedral de Barcelona y el del Congreso de los Diputados de Madrid.

La anécdota

Desde la plaza de la Vila de Gràcia han arrancado, o se han producido, algunos de los acontecimientos más importantes de los últimos dos siglos en la Vila de Gràcia y uno de ellos, tal vez el que marca el inicio de la Gràcia revolucionaria, fue la llamada «revuelta de las quintas» que se inició en esta plaza, al pie del campanario.

La campana era uno de los medios concebidas desde la Edad Media para llamar a «somatén», o lo que es lo mismo, a que el pueblo se movilizara para hacer frente e un acontecimiento extraordinario y este acontecimiento se presentó en abril de 1870 cuando el general Prim, a la sazón presidente del Consejo de Ministros, quiso hacer una recluta de jóvenes catalanes para llevarlos a combatir en la Cuba independentista. Aquello provocó una rebelión, especialmente en la villa de Gràcia muy afectada por la leva de sus jóvenes. Cuando los soldados del general Eugenio de Gaminde se acercaron a la villa para hacer efectiva la orden de reclutamiento, la campana llamó a somatén a los vecinos que se enfrentaron a los soldados en la llamada entonces plaza de Oriente y prendieron fuego al ayuntamiento.

El Ejército asedió Gràcia durante seis días, entre el 4 y el 9 de abril, y la bombardeó con sus cañones emplazados en el paseo de Gràcia. El resultado fue de 27 muertos, cientos de heridos y el saqueo de gran número de viviendas por parte de los soldados. La campana de Gràcia se erigió entonces en símbolo de la resistencia popular y meses después, finalizado el asedio y levantado el estado de sitio, el editor Innocenci López Bernagosi dio ese título, *La Campana de Gràcia*, a un semanario de información que se haría famoso en la Catalunya de finales del XIX y principios del XX.

✳ ✳ ✳

Avenida de Xile

La vía

La avenida de Xile es una vía ancha y cómoda que comunica otra gran avenida, la del Doctor Marañón, con la conocida como avenida de Manuel Azaña, abierta en 1995. La de Xile, que figura en el nomenclátor desde 1925, debe su nombre al país sudamericano y se ha desarrollado como una tranquila zona residencial en el barrio de Les Corts que es paso hoy en día del Trambaix, el tranvía que une algunas poblaciones del Baix Llobregat con Barcelona. Al inicio de la avenida, junto a la calle Pisuerga, se abren los jardines que llevan el nombre de Ernest Lluch y en esos jardines, que llegan hasta calle Cardenal Reig, estuvieron las redacciones de dos prestigiosos diarios ya desaparecidos, *Mundo diario* y *Tele Expres*. *Mundo Diario* fue un periódico muy ligado al movimiento democrático barcelonés, en especial al PSUC (partido de los comunistas en Catalunya) en los años setenta y principios de los ochenta. En él y en *Tele Expres* adquirido por el mismo grupo, escribieron eminentes periodistas como Manuel Campo Vidal, el conseller Francesc Baltasar, Manuel Vázquez Montalbán, Huertas Claveria, etc. En la parte frontal, al otro lado de la avenida, están las instalaciones del Real Club de Polo de Barcelona, sociedad hípica fundada en 1897 por Enrique de Ibarrola y Paulino de la Cruz El objeto de esa sociedad era fomentar el juego del polo, casi desconocido en España y proporcionar a los aficionados a los caballos una salida tras la decadencia del Círculo Ecuestre.

La anécdota

En el aparcamiento del edificio de los números 34-40 de la avenida de Xile tuvo lugar la noche del 21 de noviembre de 2000 uno de los sucesos más luctuosos y lamentables de la historia de Barcelona. Ese día, dos pistoleros de ETA asesinaron a tiros a Ernest Lluch, una magnífica persona, un barcelonés íntegro, honrado, inteligente y enamorado del País Vasco como nadie. El atentado tuvo lugar en la primera planta del aparcamiento del edificio y el dirigente socialista, catedrático y ex ministro recibió dos disparos en la cabeza. El cuerpo sin vida fue descubierto, caído entre dos coches, por un vecino del inmueble, al menos hora y media después del atentado. Según testigos presenciales, los autores abandonaron el aparcamiento en un Ford Escort blanco que, poco después, hicieron estallar en un descampado situado a unos quinientos metros del domicilio de Lluch, en la carretera de Collblanch, sobre las diez de la noche. Los dos disparos le alcanzaron en la sien y en el cuello cuando todavía tenía un pie dentro de su coche. Los asesinos, José Ignacio Krutxaga, Lierni Armendariz y Fernando García Jodrá fueron condenados a 33 años de cárcel en 2002.

Bibliografía

Balaguer, Víctor. *Las calles de Barcelona*. Salvador Manero Ed., 1865.

Cañadas, Javier. *El caso Escala*. Virus, Barcelona, 1978.

Cirici, Alexandre. *Barcelona paso a paso*. Teide, Barcelona, 1971.

Fabre, Jaume. *Tots els barris de Barcelona*. Edicions 62, Barcelona, 1976.

Galiano Royo, César. *El día de Barcelona*. Fundación Anselmo Lorenzo, Madrid, 2008.

Huertas, Josep Maria. *Itineraris pel Poblenou*, Ajuntament de Barcelona, Barcelona, 2007.

Huertas, Josep Maria, i altres. *Catorce itinerarios urbanos. Descubrir Barcelona*. Ajuntament de Barcelona, Barcelona, 1990.

Low, Mary. *Cuaderno rojo de Barcelona*. Alikornio, Barcelona, 2001.

Mena, José María de. *Curiosidades y leyendas de Barcelona*. plaza & Janés, Barcelona, 1994.

Milá, Ernesto. *Misterios de Barcelona*. Pyre, Barcelona, 2001.

Nomenclátor. Ajuntament de Barcelona, Barcelona.

Permanyer, Lluís. *La Barcelona modernista*. Polígrafa, Barcelona, 2004.

— *Història de l'Eixample*. plaza & Janés, Barcelona, 1990.

Vallejo, Mercè, i Escamilla, David. *La Barcelona del vent*. Robinbook, 2008.

Otros títulos sobre Barcelona:

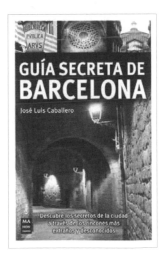